中國暮らしやってみおした

65歳からの日本語教師

柏原成光

風濤社

装　丁　中島かほる
扉題字　安永みさを

中国暮らしやってみました

65歳からの日本語教師

もくじ

第二章　より深く体感する　59

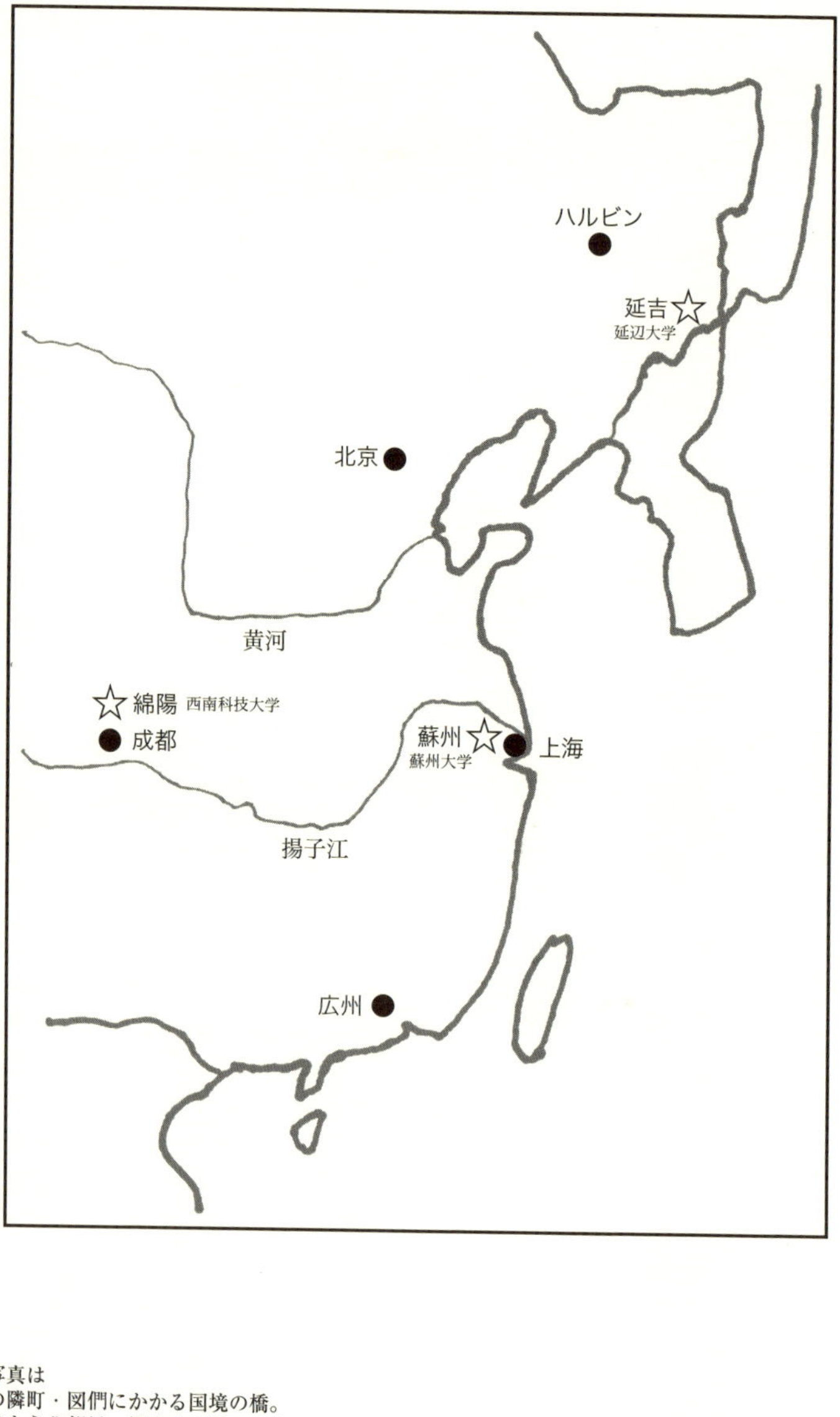

左頁写真は
延吉の隣町・図們にかかる国境の橋。
対岸はもう北朝鮮。観光客は橋の中央まで行ける。

中国暮らしやってみました

65歳からの日本語教師

注記

1　中国の固有名詞は、現在簡体字で表記されているが、本書では日本人に分かりやすい繁体字で表記した。

2　一元は、私が中国で働き始めた二〇〇四年頃は一五円台、辞めて帰国した二〇一一年頃は一二円台であった。

はじめに・縁あって

最近の出版界では、中国の悪口を書かないと売れない、ということを耳にした。新聞に載る高鉄事故問題や中国官界の腐敗のニュースなどを見ると、ほんとかよ、と思うようなショッキングなことも多い。さらに、売春・誘拐といったスキャンダラスなニュースも事欠かない。それらは、否定しがたく中国の姿の一部である。しかし、中国には当然のこと私達と変わらない日常生活がある。それが大部分である。私の書いたものには、特段の悪口もないし、一般の人が見られないようなセンセーショナルな事件もないし、あるいは、高邁な主張もない。ただひたすら、私が七年間の日常生活の中で見、感じた中国についての記録でしかない。

殊に第一章には、ちょっと中国旅行した方でも、すぐ気がつかれる場面が多いと思う。その意味では、「あっ、これは私の見たのと同じだ」「これは全然違うじゃないか」などと読んでいただけれぱうれしい。これから行く方には、中国を見る時のひとつの視点として参考にしていただければ、と思う。

中国に七年もいて、中国語を覚えられなかったように、その中国理解も、この程度のものか、たいしたことないじゃないか、と言われても仕方がない。しかし、私には、この巨大で不可思議な中国というものについて、「こうである」という、ひとつの結論を持つことは出来ないし、また性急にそうすることの危険を感ずる。日常生活の中で感じたもの、見たものの欠片《かけら》から、モザイクのように、あるいは、寄木細工のように、見えてくるものはないだろうか、というのが私の思いである。

それにしても中国の変化はすさまじい。中国は「生もの」だ、今日の中国の姿はみるみるうちに変わっていく、というのが実感だ。芥川龍之介が江南に行った時代とまるで違うことは当たり前だが、改革解放後の一九八二年に上海・蘇州を旅行した林京子さんが書いた『上海』(中央公論社)を読んでいても、彼女が住んでいた戦前と、彼女がその記録を書いた八二年との違いより、それから三〇年後の今日との違いのほうがはるかに大きいのではないかと、私には思える。

私は、中国の大学に日本語教師として二〇〇四年九月から二〇一一年七月まで、年齢で言えば六五歳から七一歳までの足掛け七年間通うことになった。普通から見れば、ずいぶん遅い外国暮らしと言えるかも知れない。

一九九九年、私はある出版社を退社した。それから五年、別の小さな出版社で編集者として働きながら、第二の人生について考えていた。大学で東洋史を専攻した私は、ずっと中国とかかわることを考えていた。たまたま近くの教会で、おじさんおばさんを集めた

「中国語講座」があることを知り、参加した。そこの牧師・李正洙さん（実は、延辺大学の先生でもあったのだが）から、中国語の初歩の初歩を学んだが、その集まりは、語学の勉強というより親睦会のようなもので、中国旅行を楽しんだりしていた。そんな中で、私は中国に旅行ではなく暮らしてみたい、という夢を話していた。李さんが中国の大学に帰って間もなく、「こちらの大学に来て働いてみませんか」という話をいただき、私の第二の人生は決まったのである。それが七年におよぶことになるとは、当時もちろん考えてもいなかったのだが。

まず、李さんとのご縁で、中国東北部の北朝鮮との国境の町・延吉にある延辺大学という大学へ行き、三年間働いた。それから中国内陸部の四川省綿陽にある西南科技大学で一年弱働いた。ここであの四川大地震にあって、授業ができなくなり、二〇〇八年五月のうちに日本に帰った。しかし、間もなく上海に近い蘇州にある蘇州大学から声がかかり、その秋から再び中国で働くことになったのである。私の場合、組織とはまったく関係ない個人的な縁で、ここまで続いて来たわけで、不思議な、またありがたい縁であったと思う。蘇州大学に赴任したのは六九歳、このときになって、私の中に、あと南部の広州辺りの大学に行けば、この広い中国の北部、内陸部、中部、南部と生活した事になるなあ、という漠然とした「欲」が起きてきた。幸い手ずるもあって、蘇州大学行きが決まった後に声をかけてきてくれた、ある南部の大学に、こんどはこちらから声をかけたところ断られた。

それは、そのときもう私が七〇歳になっていたことが大きな原因だった。今中国の大学では、原則的に七〇歳以上の外国人教師はとらない、望ましくは六五歳まで、という方向に進んでいるようである。日本の大学のことを考えても、それは当然のことのように思う。

最近、加藤嘉一さんが書いた『われ日本海の橋とならん』（ダイヤモンド社）という本を読んだ。二七歳の若者が書いた本だ。日本にもこういう若者がいるのだ、とうれしくなるような本だ。彼は中国のトップ校・北京大学の優秀な留学生で、二〇〇五年に起きた反日デモ事件で、TV局のインタビューを受けたのがきっかけで、ネットを通して、今や、胡錦濤氏を始めとした中国人にもっともよく知られた日本人になっているという。そうなれたのは、彼が二つのツールを持ったからだ。まずひとつは、中国人に負けない議論が出来る中国語を、徹底的に勉強し身につけたこと。もうひとつは、今や中国の世論を知るのに欠かせないインターネットの技術に習熟していることだ。確かに今日の中国を知るのに、この二つのツールは不可欠だろう、と私も思う。そこから得た、彼の中国分析やそれに対応する意見などには、傾聴すべきものが多い。

翻ってわが身を考えると、七年間の中国生活にもかかわらず、言葉は出来ないし、パソコンは家族との連絡のために、やっとメールのやり方だけを覚えたという、どちらかといえばパソコンアレルギーの世代である。そういう時代遅れの人間の中国体験報告がどういう意味を持つのか。特別のツールを何も持たない、ただの人が体感した中国、とでもいうことになるのだろうか。出版社時代、親しくしてもらった作家・小田実さんの著書に、『中国体感大鑑』(筑摩書房)というのがある。いかにも彼らしいタイトルだし、本もそれにふさわしく大判で作られていた。それになぞらえて考えるならば、私の場合、「中国体感小鑑」とでもなろうか。「鳥瞰」という言葉があるが、私の場合、「虫瞰」のほうがふさわしい。いわば「極私的体感」とも言うべきものである。

「沢山の〈目の不自由な人〉が象をなでる」という格言(?)があるが、中国という巨象の一ヶ所でもさわれればそれでよしとしようと思う。また、「九牛の一毛」という言葉もある。中国全土のことを「九州」とも言うのだそうだが、「九州の一草」でもつかめれば、という思いである。

延吉郊外には、戦争の傷跡がまだ残っていた。これは日本軍のトーチカ。近くには撤退時に爆破した橋があった。

第一章　中国を体感する

中国はでかい

あまりにも当たり前のことだが、中国はでかい。

私が初めて赴任したところは、延吉という中国東北部にある北朝鮮との国境の町であった。私が行く頃は、日本のマスコミでよく「脱北者の町」として取り上げられていた。ここに行くには成田から、北京か、大連か、瀋陽か、長春のどこかで一度降りて、国内線に乗り換えなければ行けない。初めてこの町に降り立ち、自動車で町中に入ったとき、「えっ、ここは中国なの」という感じがした。というのは、町の商店の看板がみんなハングルで書かれていて、私が以前行ったことのある韓国の地方都市の雰囲気とあまり変わらなかったからである。正確に言えば、多くの看板はハングルで書かれ、その下に漢字が書かれていた。後で知ったことであるが、ここは朝鮮族自治州で、法律で、特に公のものは両文字併記が決められており、町での日常語の多くは朝鮮語であった。

緯度の高いところだから、当然寒い季節が長い。大体一〇月の中頃から翌年四月の初めまで、ほぼ半年近く、冬の寒さであると言ってよいだろう。真冬は四時前にはもう十分暗い。そして真夜中は、しばしば零下三〇度を超える。町中氷が張り詰め、それを利用しての遊びが多かった。その代わりというか、夏は湿度が低く、日差しは強いが、日陰に入れば、高原のように涼しかった。

二番目に行った、綿陽という町は四川省にあって、省都の成都から車で二時間ほど離れた町である。ここへは、成田からまず北京か上海へ行き、そこで国内線に乗り換え成都まで飛び、そこから車で綿陽に行くという手順になる。中国のほぼ真ん中辺りの内陸部になる。成都は、中国の三大火釜と言われる重慶、武漢、南京に並ぶ、夏の暑いところである。単に暑いだけでなく、湿度がものすごく高いから、その蒸し暑さは大変なものである。蒸し暑いだけでなく雨がよく降る。大体夜のあいだ降って、朝になると上がることが多かった。しかし、雨がやんでも靄《もや》か霧が出る。それも昼までには大体晴れるが、まず空がすっきりと晴れ上がるということはなかった。この地方には、「蜀犬、陽《ひ》に吶ゆ」という言葉がある。蜀はこの地方のこと、三国志の劉備が国を建てたことで、日本人にもよく知られている。ここではめったに陽が差さないので、たまたま陽が差すと、犬がびっくりして吶える、という意味である。私はここで、生まれて初めて、銀色の太陽を見た。いつものように朝靄の中を学校に行き、昼前に授業が終わって、その帰りの丘の登り道で、ふと振り返ったとき、もやった空に真ん丸い銀色の玉を見たのである。それは間違いなく、霧に光をさえぎられた、なんとも言えない神秘的な色をした太陽の姿だった。

こちらは、海岸線の上海などと比べると、かなり内陸に入る。国内線の飛行機で上海から約三時間ぐらい、成田—上海間とほぼ同じ時間である。朝はもちろん東から明るくなってくるわけだから、内陸ではかなり遅くなる。冬は朝授業が始まる八時近くまで暗かった。だから、朝は暗いうちに宿舎を出て、教室に向かう途中で明るくなった。雪はめったに降らない。ただ私が行った年の冬、珍しく大雪が降って、大災害をもたらした。私は冬休みで日本に戻っており、その被害には遭わなかった。しかしその年の五月に起こった四川大地震のために、帰国のやむなきに至ったのである。

同じ年の夏、翌年九月の新学期から行く予定だった蘇州大学から、予定していた先生が二人こられなくなったので、出来たら急いできてくれないか、という話があって、蘇州にやってきた。蘇州は上海から車でやはり二時間ぐらいのところで、運河に囲まれた水の都として有名で、「蘇州夜曲」という歌で年配の日本人には知られたところである。この地方は私がこれまでいたところに比べて、とても恵まれた土地であった。「天に天堂あり、地に蘇杭あり」とか「蘇杭満ちれば、天下足る」という言葉があるが、蘇州と杭州が豊作であれば、中国中を食わせることが出来る、という意味だそうで、それほど豊かな土地だということである。確かに近郊の農村部の建物を見ても、それまで見てきたところとは違って、しっかりした建物が多かった。気温は東京とほぼ同じぐらいで、西にある蘇州の天候の変化が東京に伝わると言われていたが、確かに大まかにはそうであった。ただ、私の体感では、湿度が高いと言われる日本の夏よりも、水の都・蘇州のほうがもっと湿度が高く、暑くなり始めた蘇州から、夏休みで東京に帰ったときは、ほっとしたものである。（中国の先生に後から教えられたところによると、「蘇杭満ちれば……」という言い方は間違いであり、「蘇湖満ちれば……」か「蘇常満ちれば……」が正しいと言う。なぜならば、山の多い杭州は米どころではありえず、湖州・常州こそ蘇州と並ぶ米どころだからだそうだ。常州は蘇州に近い同じ江蘇省だが、湖州は蘇州の西にある太湖という巨大な湖を挟んで、蘇州の対岸に当たる浙江省の町である。この「湖《こ》」を「杭《こう》」と聞き違えた間違いではないか、ということだった。成程と思ったけれど、「蘇杭満ちれば……」という間違った言い方は、日本人教師の間にはかなり普及してしまっているように思う。）

それにしても、この広い中国をひとつの時間で統一しているのにはびっくりする。もちろんそれは軍事的な必要からであろうが、朝や夜などは、実際の生活感覚とはかなりずれることになる。しかし、私の行った三つの都市の人々は、それをあまり意に介《かい》さず生活していた。これも大陸的というのであろうか。中央アジアのほうに行くと、さすがに別の地方時間を併用しているとも聞くが、その実態については知らない。民国時代は、基本的に全国を五時区（長白時区、中原時区、隴蜀時区、回蔵時区、昆崙時区）に分けていたようだが、戦中・戦後の混乱期を経て、革命後の一九五四年、中原時区を標準とする北京標準時という考え方が出来、今日に至っているそうだ。

中国は大きいと感じるのは、単にこのような物理的なことからだけではない。たとえば、国慶節を、日本のテレビで見ていると、実に盛大に祝われ、まるで中国中がその祝賀ムードにあふれているかのように見える。しかし私のいた、延吉、綿陽、蘇州ではどこで祝賀パレードが行われているのかも分からぬほど、周りは何ほどの盛り上がりも感じなかった。

私が中国にいる間に、二度大きな反日デモが日本で報じられ、中国中がそうであるように感じられたらしく、友人達がずいぶん心配してくれた。しかし、私個人は一度も、そういう場面に出食わしたことはなかったし、いわんや、危険な思いをしたこともなかった。しかし、それはまったく安全だ、というわけではない。商社マンが何人か、無断で軍事管理区域に入ったという理由で逮捕された事件が二〇一〇年九月にあった。このときの私の感想は、中国の官憲が中国にいる日本人を陥れようと思えば、実に簡単に出来るな、というものだった。そういう怖さは確かにある。

道路《みち》を渡る

中国に行っての最初の試練は、道路を渡ることだ。

私の初めての海外旅行は、一九九〇年代初めの北京・西安旅行であった。といっても、北京はほとんど経由地で、西安城外に桜の木を植樹するというのが目的のツアーだった。

なんでそんなツアーに参加したのか、今でははっきりしないが、たまたまであった、と思う。この旅行で一番強烈に印象に残ったのは、「道路を渡る」怖さだった。今から思えば、まだまだ車の量は少なかった。しかし、広い道路を行き交う車のとぎれ目を待って道路を渡る難しさは、日本人にとってかなり怖いものであった。当時信号機はまだあまり普及していなかった。私達のホテルは西安城市の南門である永寧門の外側にあった。ホテルの前の広い道路を突っ切って南門を入り、右にしばらく行くと、碑林博物館があった。ここは趣きがあったし、その周りの茶器街もなかなか良い雰囲気だったので、私達夫婦は自由時間があると、好んでそこへ出かけた。しかし、ホテル前の広い道路がなかなか渡れない。結局私達が選んだ方法は、道路を渡る中国人を待って、その後ろにくっついていくという方法であった。この方法だと、それまでつかめなかったタイミングがつかめ、不思議に無事渡れてしまうのである。このとき見た、あどけないかわいらしい顔をした女性が、道路のど真ん中に突っ立って、体の間近を左右に行き交う車を悠然とやりすごしながら、道路を渡る間《ま》を計っている姿は、きわめて印象深いものであった。

中国に住んで数年、当時より一層ひどくなった中国の道路事情の中を、いつのまにか平然と渡っている自分に気づく。中国人に聞くと、彼らでもしばらく日本などに行って帰ってきた時など、初めは道路を渡るのが怖くなるという。特に蘇州は、車の量が増えただけでなく、排気ガス規制で禁止されたオートバイに代わる電動車という二輪車が幅を利かせ、道路の狭い空間に音もなくどんどん入ってくるので恐ろしい。たとえば、停留所などで、バスのステップと歩道の間に少しでも隙間があると、そこへ割り込んでくる。だから、バスから降りるときは、とても危険である。実際しばしば接触事故がある。

最近は、さすがに横断歩道や、信号機が増えてきた。しかしこれがまた危険だ。日本人は、横断歩道や信号機があると、それは守られるものとして安心してしまうからだ。中国では、まだ、そういう道徳は確立していない。確かに、守るべきものとしての建前はある。しかし、実際にはまことに融通無碍であって、車は必ず止まってくれると思う「安心」は、何もないところよりかえって「危険」かもしれない。特に電動車は、オートバイのように音がしないので、後ろからこられると、気づきにくく怖い。

長いあいだ、この横断の攻防を見ていて、私はいつの間にか、次のように考えるようになった。中国人は究極的に、人間を信じているのに違いない、相手は決して自分にぶつけてこない、と。だから、道を渡れるのだ。そして、ときどき、イヤ、しばしば、その信頼が裏切られ、接触事故となり、路上での大口論となるのだ、と。

十字路口

北京の朝の道路を膨大な数の自転車が走ってくる、という通勤風景が、もっとも中国らしい風景のひとつと言われた時代があったが、それがいつの間にか膨大な数の自動車に代わって、もう何年になるだろうか。今や中国は世界第一位の自動車保有国となった。その通勤風景も当然、自転車から自動車に全国で変わったと言ってよいだろう。

交差点は、もっとも中国らしい風景が展開されるところである。中国語では十字路口《スージールーコウ》というが、北京・上海などの大都市の交差点はいざ知らず、おそらく大部分の都市の交差点では、毎朝卍巴《まんじともえ》の混乱状況が繰り広げられているはずである。まず中国は、右側通行である。だから、車の右折はいつでも自由。前方の信号が青になったからといって、あわてて飛び出せば、まず、この右折車が当然のように曲ってくるから危い。さらに、左側から突っ込んでくる直進車、道の半ばを過ぎたら今度は反対の右側からの直進車にも注意。中国では、直進車が赤信号だからといって、じっとはしていないからである。青に変わるのを待っているうちに、じりじりと車も人も前に進んでくる。そして隙あらば、赤でもそのまま突っ込んで来る勇敢なものが現れる。信号が変われば、我先にと突っ込むから、車が先も、人が先もない、勇敢なる者が一番に渡っていくことになる。

交差点で、一台が引っかかったら大変である。誰もが我こそ先に行くのだ、と突っ込むのだから、こんがらかった糸はなかなかほぐれない、どころか、結局警察の出動待ちということになる。

蘇州での宿舎の近くに、繁華街から一本入った細い道があり、ここによく車が入ってきた。日本なら明らかに一方通行にするような狭い道である。反対側から車が来れば、ちとやそっとではすれ違えない。そのうち各々の後ろに自動車、電動車、自転車、人々が重なってくる。どうしようもなくこんがらかって、延々と、「お前が引け」、「イヤ、お前が引け」とやっている。ついには、お巡りさんの力を借りて解決するようだが、毎朝、大なり小なりこれが繰り返されるのだから、大変な時間とエネルギーのロスである。

それは私が大学に行くために通る道である。「お前はどうしていた」と言われれば、最初の何回かこそしばらく我慢して待っていたが、それでは遅刻してしまう。すぐに車と車の間に少しでも隙間があればそこに身を入れて、強引に前に進むようになった。間もなく、中国人よりうまくなったような気がする。

交通ルールと事故

中国人が交通ルールを守らない、ということは有名だ。これまで書いてきたのを読んでもらっても、それは明らかだろう。交通規則はもちろんある。最近はかなり厳しくなっているとも聞く。たとえば、飲酒運転。この罰金はかなり高くなっているようで、蘇州大学での我が主任を始め、車で来る先生方のパーティーでの飲酒は、ほとんど見られなくなった。

しかし、日常生活でのルール無視はまだまだひどい（もちろん、私が親しくしていただいた先生方は、きちんと守っておられたが）。たとえば、蘇州の私達の宿舎に近い十全街という繁華街の歩道を歩いてみよう。歩道の至る所に、自転車、電動車が置かれている。しかもそのほとんどが、歩行者の迷惑を考えた置き方ではない。ひどいのになると、歩道に直角に車を置き、歩道を完全にふさいで平然としている。最初の頃、せめて道に平行に置いて、歩行者が通れるようにしてやろうと思って自転車を動かしたりしたが、あまりの多さにすぐ断念せざるをえなかった。

自動車の路上駐車もひどい。私達の宿舎を出たところの、普通車がすれ違えるかどうかという幅の道路の片側に、平気で駐車している。どうしてこういう置き方をするのかと思うような、自分だけがよければよい、人のことなど知ったことか、という自己チュー的駐車の仕方は、あらゆるところで見かける。

こういう状況だから、小さい交通事故はしょっちゅう起こっている。一番多いのは接触事故だ。ぎりぎりのところを無理矢理通るのだから、当然だろう。バイクと人、バイクと自転車、バイク同士、車とバイク、車同士となってくれば、ことはだんだん大きくなってくるが、よほどのことがない限り示談で解決するようだ。ある日、大きな通りで、乗用車とバイクの接触事故があり、バイクの青年が顔中血だらけになりながら、乗用車の主と渡り合っている姿を見たことがある。

私の宿舎のあるホテルから十全街の通りに出るところでは、合流するときによく失敗して、接触事故が起こる。ある日、接触事故を起こして言い合いをしている片一方のおやじさんが、折り畳み椅子を持ち出して来て、相手の車の前に座り込んだのには、驚いたものである。驚くといえば、こういう言い合いの間、後続の車は公共のバスを始め、みんなストップしてしまう。第三者に邪魔にならないように、脇に車を持って行って、当事者だけで話し合う、などという姿勢は全く見られない。

思い出せば、延吉では、私のいた頃は、まだまだ人も車も蘇州よりずっと少なかった。そして、歩道は大学前を始め、蘇州より広いところが多かった。それで安心かといえば、その歩道に乗客を乗せたタクシーが平気で乗り上げてきて目の前で停車するのには、最初、肝を冷やしたものであった。今はどうなっているだろうか。

中国の航空会社

日本と中国の間を行き来するには、どうしても航空会社のお世話にならなければならない。中国の航空会社は、日本の航空会社より安い、ということで、私はずっと中国の航空会社を使ってきた。確かに安いことは安いが、日本でチケットを買うと、それほど大きな差は出ない。それでも庶民にとっては大きい。ところが中国で買うと、ずっと安くなる。それが分かったのは、蘇州大学に行くようになって、中国の先生に教えられてからである。だから、まず日本で一年オープンの切符を買って、九月の新学期に蘇州に行き、翌年の七月の学期末に日本へ帰る。そして真ん中の冬休みは、中国で往復切符を買う。日本で買う往復切符のほぼ半額近くになった。

ところで、中国の飛行機会社を使っていいことばかりではない。いや、料金以外ではその正反対だ。

最初の任地・延吉はやはり辺境の町だ。そういうところに行く国内線の飛行機は、昼間のいい時間帯は、メインコースの飛行機が使うから使わせてもらえず、大体早いか遅いか時間帯も悪いし、搭乗口も端っこだ。時間帯で言えば、国際線との連絡が悪く、おおむね着いた時間には国内線はなく、飛行場近くに一泊、翌日早い時間の便に、ということになる。良くても、延々待たされ、夜遅い便になって目的地に着くのが深夜になることが多い。搭乗口の変更はしょっちゅうだった。初めてのときは、慣れないし、中国語の放送のみで何を言ってるか分からないしで、本当にはらはらした。

妻が子供達と正月を迎えるため、私より早く一人で帰るというとき、小さな旅行社にいろいろ研究してもらった結果、瀋陽経由の一泊コースが一番よい、ということになり、それを買ってホッとしていたら、数日後、「あの便はなくなったので変更してほしい、と連絡が入りました。変更手数料は要りません、と言っています」と、間に入った旅行社の人は言う。「おいおい、冗談じゃない。手数料要らないなんて、そっちの都合なんだから当たり前だろう。いったん券を売った飛行機が飛ばないなんて、日本では考えられない。社会問題になりかねないことだ」と、怒り心頭に発するが、旅行社の人も周りの中国人も「仕方ないですよ」で終わり。結局、日にち変更ではなく、大連経由にかえて落着した。

似たようなことが、私自身にも起こった。同じ頃、珍しく、『巴金随想集』（筑摩書房）を作った編集者を杭州の研究会に招待したい、という申し出があった。「喜んで参りましょう」とお受けした。しかし、延吉から杭州への直行便はない。いくつか経由地はあるが、やはり北京が一番よかろうということで手配し、切符を手に入れた。翌日、「その便はなくなった」と連絡があり、「予定の日に着きたければ、別の会社の飛行機になるから高くなります。翌日でよければ当社便があるが、その場合北京での宿泊代は払っていただきます」と言う。「ぬぬぬ」と頭にくるが、やはりごまめの歯軋り。結局乗り継ぎの時間がやけに間が空く組み合わせの切符をそれしかないということで買わされる。しかし、中継地の北京飛行場について調べてみると、北京から杭州行きの飛行機は一時間に一本ぐらい、次々とあるではないか。急いで手数料を払って変更してもらい、明るいうちに、杭州につくことができた。

どうしてこういうことになるのか。まったく考え難いことだが、辺境の旅行社の知識不足と、ひょっとして、割り当てがあまりない、ということがあるのかもしれない。汽車の切符も駅ごとの割り当てがあり、延吉駅では買えなくとも、近くのほかの駅では買えることがあると聞いた。いずれにしても、中国の航空会社は半官半民というが、その対応はひどいものだった。

蘇州大学にかよった三年間の行き来では、つまり上海空港の使用では、さすがに大飛行場、そういうトラブルはなかった。途中でコンピューターの導入もあったし、延吉行きもだいぶ変わったかもしれない。いや、変わって欲しい。

ひとつ付け加えれば、「中国のパイロットの操縦はなかなかうまい」というのが、私達夫婦の評価である。着地のとき、ひどいランディングを味わったことがない。きっと軍隊で十分経験をつんだ、軍人上がりが多いからではないだろうか。これは、私の根拠のない勝手な推測だ。

爆竹文化

中国に来てびっくりするのは、いまだに爆竹が盛んだということである。世界的にテロ事件が頻発し、世界中が爆発音にかなり神経質になっているはずなのに。もちろん中国でも、北京や上海といった大都市では禁じられていると聞くが（最近のテレビ報道で北京での春節祝いの爆竹事故が伝えられていたから、そうでもないかも知れない）、私の住んだ地方都市では日常的にまだまだ盛んだ。結婚式、新規開店などでは必ずと言っていいほど、派手に爆竹が鳴らされる。のみならず、立派なホテルの結婚式の時などは、爆竹だけでなく、まるでちょっとした小型の大砲みたいなものがホテルの前に置かれ、祝砲まがいの音を出すものまであって、仰天した。

爆竹を、一番頻繁に聞いたのは、蘇州である。それは、私達の宿舎が、結婚式などにも使われるそれなりのホテルの敷地内にあったこと、近くが十全街という繁華街であったせいだろう。式が終わったときなどホテルの前を通ると、かなり大量のごみが散らばっている。それはやがて、掃除されるから良いとして、困るのはその爆竹を鳴らすのが、時間かまわずということである。夜中の一二時頃、バチバチバチとやられることがある。十全街の夜の商売の開店祝いであろうか。さらに不可解なのは、爆竹だけでなく、そういう時間に花火が打ち上げられることだ。しかも人家の近くで平気でぽんぽん打ち上げる。木造建築ではないから大丈夫というわけだろうが、いかがなものだろうか。

私は中国文化のひとつとして、爆竹や花火は大切にしてもらいたいと思うが、その時間についてはもう少し考えてもらいたいものだと、実際、夜中に驚かされた者として思う。

中国人は写真好き

かつて、眼鏡をかけ、カメラをぶら下げているのが、日本人の代名詞であった時代があった。町を歩いていると、それは今、中国人にこそ当てはまる、と思う場面にしばしば出会う。

延辺大学に行ったとき、まず眼鏡をかけている学生の多いのにびっくりした。裸眼の目を輝かせている、という私が書物上で得た中国人学生のイメージはまずそこで壊された。

それはきっと近年急速に増えたのだと思う。街中《まちなか》を歩いていると、眼鏡屋の多いのに気がつく。綿陽の西南科技大の近くにあった、ほとんど商店街と言えないような貧弱な商店街で、一番きれいで大きい店は眼鏡屋だった。原因は、日本と同じように、テレビやパソコン、携帯の普及と大いに関連していることだと思う。

さて、写真のほうであるが、観光地でのカメラ携帯者と撮影者の多いのはもちろん、町の公園や盛り場で、携帯カメラばかりでなく、かなり高級なカメラを構えている人をたくさん見かける。蘇州大学の学生は、構内でごく普通のときに、盛んに友達同士で写真を撮っていた。カップルの場合、たいてい男性が女性の要望・命令でカメラを構えている。その多くが恥ずかしげもなく、まるで、自分が女優になったように、さまざまなポーズをとっているのが、見ていておかしい。中国人の撮影を見ていると、女性は自然体で撮っている人はまずいない。定番のVサインを始め、私から見たら、そこまでやるかね、と思うような気取ったポーズをとる人も少なくない。小さな子まで科《しな》を作ったりしていて、ちょっとがっかりすることもある。

この写真の究極のところに、結婚写真があるのではないか、と思う。中国の結婚写真は、これは韓国もそうだが、日本のように式場内の、つつましい撮影にとどまっておらず、外の世界に飛び出し、公園やいろいろな名所旧跡、思い出の地で、きらびやかな衣装を着て、まるで俳優さんたちのように、派手な演出のもとで、「後で困るんじゃないの」と余計な心配をしてしまうほどの、むつまじい姿を撮りまくっていくのである。その出張撮影費から立派なアルバム作成まで、半端でない金がかかるそうだが、今やそれが当たり前になっていると聞く。それは延吉でも、綿陽でも、蘇州でも変わらなかった。というより、時代が下るほど、派手で豪華になっているようだ。私の好きだった蘇州の平江路に行くと、運河に架かる古い石橋などをバックに、必ず何組かのそうしたカップルを見かけるようになった。最初は珍しく面白がっていたが、やがてむしろうっとうしいものに思うようになってしまった。

中国の貨幣

中国の紙幣の表《おもて》には、全部、若き日の毛沢東さんの同じ顔が使われている。古い紙幣にはそうでないものがあるようだが、今ではめったに見かけない。一〇〇元、五〇元、二〇元、一〇元、五元、一元とある紙幣全部である。歳を取って、目がかなり不自由になってきた身からすると、これはちょっと厄介なことである。もちろん色や大きさはそれぞれ違っている。しかし、少し薄暗いところでのやり取りではかなり問題である。

そういえば、目に問題のない若いレジの人でも、一〇〇元札、五〇元札などを渡すと、空に向かってためつ眇《すが》めつする。最初のころはかなり気分が悪かった。もちろん偽札を警戒しての行為だが、「そんなに自分の国の金が信用できないのかよ」という気分になる。これはかなり徹底していて、小さな小売店なら必ず、大きなところでは機械でこの偽札検査をされるのである。そんなにも偽札がたくさん横行しているのだろうかと、いやな気分に変わりはない。

そういえば、いまやかなりの額の買い物が当たり前になってきているのに、まだ一〇〇元札が最高というのも不思議である。一万元といえば一〇〇元札一〇〇枚だ。デパートなどに少なからずある何万元、何十万元もする、衣料や電化製品や家具などの買い物には、とても不便のように思うが、お金持ちは現金などで買わないか。貧乏人の余計なお世話、というところだろうか。

ところで、一元には、硬貨もある。現在はこちらの方が主流になってきている。その下の「角」は硬貨が基本である。「角」には、五角と一角がある。さらにその下に「分」があるが、今はほとんどこの単位は実生活では使われていない。一角の硬貨は小さいけれど、日本の一円のような軽い薄っぺらい感じでないのがいい。古い硬貨の中には、日本と同じニッケル製というのだろうか、軽いものがあるが、きわめて少ない。でも、「角」もいまやだんだん市場やスーパー以外の一般商店では使われなくなってきている。

一元硬貨はなかなか立派である。私は中国では財布を使わず、小銭はポケットに入れっ

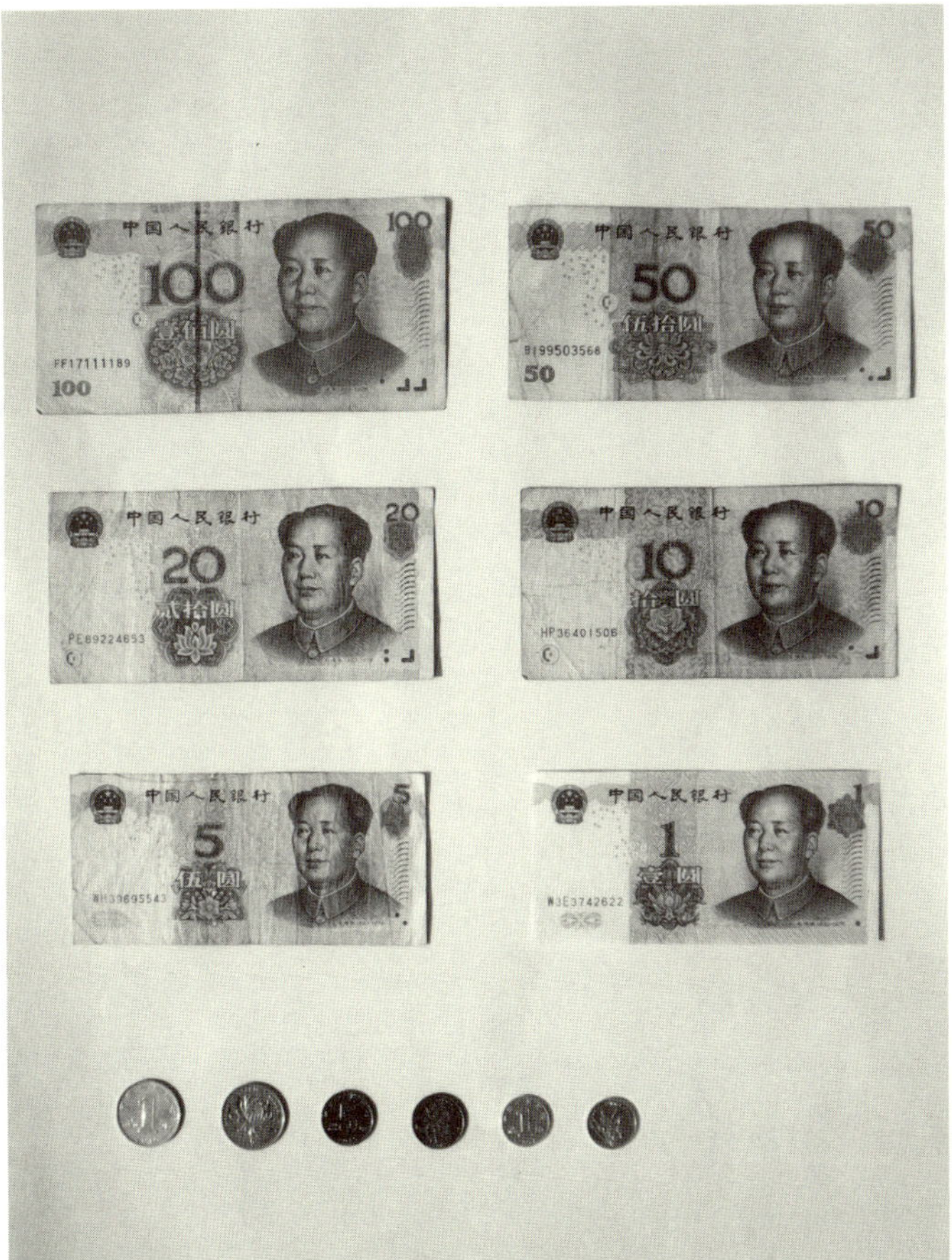

現在、主に流通している貨幣

ぱなしであった。そういえば、中国人の男性もあまり財布を使わず、特に小銭はポケットで済ましている人が多かった。ところで、飛行機に乗るときは、この硬貨が、例の検査に引っかかる。そこであらかじめ日本に帰ってから使う財布の中に入れて、別の所にしまっておいた。そして日本に帰ってから、電車の切符を買うのに、五〇〇円玉を使ったところが、玉を何回入れても出てきてしまう。それでやっと気がついた。私が入れたのは一元玉だったのだ。もちろんよく見れば、五〇〇円玉より小さいので分かるはずだが、一〇円玉の中に入っていると、立派な五〇〇円玉に見え、一瞬「しめた！」という気持ちになるのである。

カラスのこと

中国の日常生活でこれはいいなと思ったことのひとつに、中国ではカラスにお目にかかることがなかった、ということがある。これは日常生活でカラスにゴミをあらされて困っている日本人から見て、とてもうらやましいと思うことのひとつである。実際、延吉・綿陽・蘇州の三ヶ所の生活で、カラスを見かけたことはない。鳥はそれぞれいたけれど、カラスはいないのだ。これはなぜなのだろう。もともといないのか、例の人海戦術で退治してしまったのか。中国人にとってもカラスはとても不吉な鳥と認識されているようだから、後者の可能性が高いと、私はひそかに思っているのだが、真実はどうだろう。

ところで、蘇州大学のキャンパスにはカラスはいないが、黒いカラスによく似た鳥がいっぱい飛び、遊んでいた。カラスより二回りも三回りも小さい、ムクドリよりちょっと大きいくらいか。体は黒いが、くちばしが赤いというか、橙色である。カラスのような獰猛さは少しも感じさせず、むしろ愛らしい。九官鳥を思わせるが、それより小さいし、九官鳥が、そんなにあちこち大学のキャンパスを飛び回っているというのも考えにくい。学生に聞いても、先生に聞いても、一向に分からない。大体、現世利益主義の彼らにはそんなものは興味がないようだ。やっと一人の学生が教えてくれたところによると、自分達は「黒雀」と言っているという。なるほど、これはそのとおりだ、雀より二回りくらい大きいが、これはあたっている、と思った。でも、たぶんそれは俗称だろう。

ちなみに、延辺大学や西南科技大学では校舎のあるキャンパスでは、あまり雀以外の鳥は見かけなかったが、延辺大学の裏山には春になると豊富な鳥の声を聞くことができたし、西南科技大学では、宿舎のある丘の中腹で、いつも鳥の声で目を覚まされた。蘇州大学はそれに比べると、繁華街の中にあるにもかかわらず、キャンパス内に一一〇年の歴史に見合った古木のある区域もあり、一年中いろいろな鳥の姿を見かけていたように記憶する。啄木鳥もいた。私達の宿舎は本当に繁華街に隣接したところにあり、木もそれほど多いというわけではなかったが、しばしば鳥の声で目を覚まされた。それも中国語風の鋭く強い声である。そういえば、セミの声なども日本のセミに比べて、かなり乱暴ででかい声のように聞いたけれど、私の偏見だろうか。オーシンツクツクのような微妙な鳴き声も聞こえなかったし、いわんや、カナカナゼミのような哀愁のある声を聞くことは、ついになかった。

（蛇足ながら、林京子さんの『上海』という本のなかに、「この蟬、日本の蟬と鳴き方が違うよ、（略）虹口公園の蟬は、本当に勇ましく鳴いた。胸や腹に応える音量で、野放図に、千里に響く鳴き声である。蟇の油売りの口上を聞いているようだ。」という一文を見つけ、私の偏見でなかったことが分かった。）

テレビを見る

中国に行ったことのない人が思っている以上に、今中国のテレビ界は華やかである。チャンネルの数も中央テレビ（ＣＣＴＶ）だけで一四、五あるのではないか。私は中国語が分からないが、画面から判断できる範囲でニュースチャンネルを見、後はスポーツチャンネルと音楽チャンネルを愛観した。このほかドラマ専門もあるし、日本とまったく同じように、タレント達がどたばた活躍するバラエティー中心のチャンネルもある。さらに各々の地方局も数多くの同じようなチャンネルを持っている。

四川大地震の時、温家宝氏がすぐ駆けつけて現場を激励する姿を見て、阪神淡路大震災のときの日本の首相より数等早い対応に感心したものである。ほとんどは軍部による救援活動や政府要人の激励の場面であり、被災民の感謝の場面であった。そのなかに、瓦礫に半身埋まった比較的若いおばさんが「私は大丈夫よ」と言って、人民軍に感謝している場面があって、「さすが中国人、ずいぶん気丈な人がいるものだなあ」と感心していたのだが、後から「あれはやらせだよ」と聞いて、がっかりした。仮にも、瓦礫に埋まった人にしては、確かに「妙に元気の良い人だなあ」という感じはあったのだが。

明らかにテレビは政府の都合の良いように政策的に使われている。さらに、政府の都合の悪いときには、放送の中断ということもあるらしい。私はそれほどはっきりと分かるような経験をしていないが、他の日本人教師はよくそう言っていた。私の場合、政府の指示による中断か、テレビの故障の砂嵐なのか、区別がつかないほどに、しばしばテレビ電波の不調が、それも長時間にわたってあったということだ。ある時まで放送されていた事柄が、政府に都合悪くなってくると、すぐメディアで扱わなくなることは、良くあるようである。

私が聞いた具体的な例では、オリンピック前の話になるが、ＮＨＫが作った「激流中国」という優れた連続ドキュメント番組があるが、中国政府は、最初は取材に協力的であったのが、自分達に都合の良いことばかり映《うつ》してくれる番組ではない、ということが分かってからは、にわかに協力拒否となり、さらに出来上がったものの放映は禁止になったと聞く。この番組は今日の中国が抱える大きな社会問題をいくつか鋭く捉えた優れたルポルタージュである。今でもその問題性は変わっていないと思う。私はそれを恥ずかしながら、中国に行ってから中国の先生にダウンロードしてもらって見たのである。

私の周辺にいる中国人先生の大部分は、新聞・テレビの報道をそのままは信じていないようであるが、しかし中国人民衆の大部分はそうではあるまい。だからこそ、政府も報道のコントロールに必死なのであろう。

私がテレビを見ていて異和感を覚えることのひとつに、少数民族の扱いがある。音楽番組を見ていると、必要以上に少数民族の歌や踊りが多いように思う。最初は珍しく、面白いと見ていたが、あまりに多いと、やはりこれは少数民族をいかに大切にしているかということのキャンペーンではないか、と思うようになった。さらに、全国人民代表大会の報道を見ていると、少数民族の代表者達が華やかな民族衣装を着て参加している姿を、ときどきカメラが捕らえる。今や、華やかな民族衣装というものは、日本の女性なら正月や結婚式の時に着物を着るように、少数民族にとっても祭りの時とかに身につけるものではないか。まさか「全人代はお祭りなのだ」という意味ではあるまい。日本の普段の国会に女性達が和服で現れたら大いに異和感があるのではないか（もっとも内閣発足時の晴れの記念撮影の時などには見かけることがあるが）。これも、実質なことではなく、少数民族も全人代に参加しているのだぞ、というデモンストレーションに過ぎないのではないかと思う。あのきらびやかで美しい大きな帽子は、じっさい現代政治の政務を執るのには不向きである。

パレードへの異和感

二〇〇九年は、建国六〇周年に当たる節目の国慶節であった。私は深い興味を持って、テレビで放映される軍事パレードを見ていた。実は、その相当前から、中国のテレビでは、国慶節を盛り上げるためであろう、このパレードに参加する兵士達の訓練の姿を映していた。手の振り方、足の上げ方が美しくなければならない。特に、足の上げ方は重要なチェックポイントである。上官が、兵士が上げた足の地面からの高さを、スケールを持って、入念にチェックしている。片方では、スポーツ選手のフォームをチェックするときに使う装置を、じっと見つめている上官もいる。その一人ひとりに対するチェックの厳しさに驚いたが、この行進が美しく見えるためには、さらに横一列の人々の身長、足の長さが同じであることが望ましい。実際、訓練を受けている人々を見ていると、見事に統一された体型である。「でも、こんな訓練を受けるのはつらいよな」と学生に言うと、「いや、彼らはそれを名誉と思ってやっているんですから、平気ですよ」と答える。「なるほど、そういうものか」と私は頷いた。

いよいよ国慶節当日になり、テレビをじっと見ていると、次々に現れる軍人の、意気のよい統一されたパレードは見事というしかなかった。しかし、しばらく見ているうちに、私はだんだんある異和感を覚えるようになった。それは見事に統一されたその軍人達の姿と形が、だんだん異様に思えてきたのである。こんなに同じような身長・体重、つまり同じ体型の人間が続くというのは、どういうことだろうか。人間の集団には、さまざまな身長・体重の人間がいるのが自然ではないだろうか。この集団行進の美しさは、あまりに人工的な感じがし、人間らしさが、かけらもない。そう思うと、私の頭には、かつて写真で見た中国共産党の軍隊・八路軍の、ぼろぼろの軍服に包まれた、身長も体重もさまざまな兵士達の姿が思い浮かんできたのである。そして、その人間的な姿に比べ、今テレビで映し出されている軍隊の、なんと画一化された非人間的な集団であることか、という思いにとらわれた。これじゃ、かつてのナチスの軍隊と同じではないか、とも。もっとも本来的には、どの国の軍隊も変わらないと言えば変わらないものなのだろう。

後日、中国人の先生に、そのことを話し、「あんなに人をそろえるのは難しいでしょうね」と言うと、「いや、簡単さ。軍隊に入るときにはみんな身体検査をされるわけだから、そのデータをコンピューター検索すれば、簡単に抽出できるわけだよ」と言う。「なるほど、そうか」と、私はただ感心するだけである。しかしその異和感はずっと取れない。そして、今や中国のシンクロナイズドスイミングチームの見事に統一された美しい姿態にも、素直に感心できなくなってしまった。

汚れた空気

鈍感な私がそれに気がついたのは、成都の空港から飛び立ったときだったように思うから、中国の大学に通うようになってから、だいぶ経ってからのことである。私が成都から車で約二時間かかる綿陽という町にある大学に勤めたのは、二〇〇七年の九月から翌年の五月までだから、その間の四回の飛行のうちのどれかであったことになる。成都の上空から下を見たとき、町全体がすっぽりと黒い雲に覆われていたのである。四川省のこの辺りは天候の悪いところで、めったに晴れることのないところだとは分かっていた。しかし、その黒雲はどうも雨をもたらす黒雲と違うようなのだ。それから後、北京上空から北京を見たとき、上海上空から上海を見たとき、同じように黒い気体ですっぽりと町が包まれているのを見て、これは雲ではなく、単なる汚れた空気であることを確認したのである。それは、私がかつて船で伊豆の海岸から沼津港に入ったとき、また四国の徳島から大阪港に入ったとき、海の色があるところからまるで線を引いたようにはっきりと青から泥色へ変わっているのを見て、ぎょっとしたことを思い出させた。今や地球の汚染は、水の汚染だけではなく、空気もここまで汚しているのだ、というつらい思いがした。

もうひとつ思い出すことがある。それはまだ延吉にいるときのことだ。ある寒くなり出した頃であった。郊外にある延辺大学の姉妹校を訪れた。その学校は町のはずれの小高い丘の上に建てられていた。その校庭の端から下の町を見やったとき、町はすっぽりと黒い空気に包まれているのが、はっきりと分かったのである。一緒に行った同僚が、「俺たちは毎日あの中で呼吸しているんだぜ」と、溜息混じりに言った。酷寒の町・延吉は一〇月半ばごろから暖房を入れないとつらい。しかも、まだ町としての効率的な集中暖房が完備されておらず、多くの個人の家は石炭暖房に頼っていたから、夕方ともなると、煙突から舞い上がった煤が落ちてきて、ひどいときは五、六メートル先も定かに見えぬ状態になったものである。しかし、これはまだ北の小さな町のことであった。北京・上海・成都というのは、それとは比べものにならない巨大な都市なのだ。その影響の大きさは計り知れない。

蘇州にいるとき、日本人教師の有志で、毎土曜日の朝、宿舎である東呉飯店の空き地で、健康のために太極拳をやっていた。それが、朝のすがすがしい空気の中で、とはいかないのだ。宿舎が繁華街の脇にあるせいか、すぐそばに汚れた運河があるせいか、朝から何か空気が臭うのだ。私が皇居の周りをジョギングしていた頃、排気ガスのせいで、それは体にとってかえってよくないと言われたりしていたが、ここも同じような状態で、健康のために、というのにはそぐわないのではないかという思いを、私はずっと払拭しきれなかった。

この蘇州の空気の汚さを嘆いていた私は、ある日北京からやってきた日本人教師が、「蘇州は本当にきれいですね、空気もきれいだし」と言ったので、びっくりしてしまった。そして、北京に住まないで本当によかったと、心から思ったものである。

赤い水

私は日本にいるとき、何の考えもなしに、水に接してきた。しかし、中国での生活が長くなるにつれて、日本の水がいかにすばらしいものであるかを、実感させられるようになった。

中国の生水を飲んではいけない、かならず沸かして飲め、ということは、行く前から言われていた。もっともこれは中国だけでなく、多くの外国の水が、日本人にとっては、そうのようである。実際、私の同僚であった日本人教師が、薬を飲むとき、あわててうっかり生水で飲んでしまったら、たちまち腹が痛くなり、下痢してしまったと言う。「そんなに霊験あらたかなものかな？」と、ちょっと不審にも思ったが、黙って聞いておいた。

今、中国にはどこにでも水屋さんがあって、大きな水のタンクを各家に配達してくれる。一タンク五リットルで、最初行った延吉では五元だったが、蘇州では一〇元になっていた。このタンクをそれ用に作られた水とお湯の両方が出るようになっている器械・飲水器に据えつければＯＫ。使用量は人によって違うだろうが、一ヶ月に一個から二個というところ。でも、後になって聞いたところ、望ましくは一〇日ぐらいで使い切った方がよいということであった。水は古くなるのだから当然だろう。私はとてもそんなに使い切れなかったが、ご飯炊きから、食器洗いまで、神経質にみんなタンクの水を使う先生もいたから、結構消費量も多かったかもしれない。私は途中から、飲料水はポットの湯冷ましで十分と思うようになって、タンクの水を使わなくなってしまった。飯炊きの水は、炊く過程で沸騰するのだから、問題なし。食器の水洗いも乾かすのだから、問題ない。そもそも中国人はある時代まではこの水を飲みながら育ったのだろうと言ったら、年配の中国人先生は「自分たちの子供時代は、もちろんそうだった」と答えた。

延吉時代には、よく半日ぐらいの断水があった。蘇州でもたまに。でも、中国人は何の文句も言わない。停電のときも、同じである。文句も言わず、ひたすら、復旧するのを待つ。断水があった場合、その直後、気をつけなければならない。汚い水が出てくるのである。特に延吉にいるとき、屋上のタンクを掃除したという後など、真っ赤な水がしばらく引かず、澄んだ水になるのに半日ぐらいかかったこともある。蘇州の宿舎でも、ときどき突然真っ赤な水が出た。ちなみに中国では、断水も、突然の汚水も、全く事前の連絡はない。困るのはシャワーを浴びている途中でそんな水が出てくるときだ。私は経験ないが、実際に同僚の奥さんが入っているときにあったと聞く。

しかしそこまで汚くなくとも、見た目には分からないが、浴槽に水をためてみると、明らかに赤いのが分かるということは、しばしばあった。そんなときは、たぶん気づかずに米を研いだりしていたろうと思う。毎日はいる風呂の水を流すと、透明にきれいに見えている時でも、錆か泥状の物が確実に底に沈殿していた。「ああ、俺はこういう水を毎日飲んでいるのだな」という思いに駆られる。しかし、今のところ身体上には、痒みの他に異常は現れていない。でも、白い手ぬぐいは確実にだんだん赤くごわごわになってくる。私の上の階に住んでいた同僚が、「日本から持ってきた白いタオルが一本もなくなってしまった」と嘆いていた。

先に引いた林京子さんの文章には、中国の水のことも次のように書かれている。

「子供のころの上海の水道の水は、少し濁っていた。泥の匂いもしていた。コップに汲んだ水を陽にすかしてみると、淡い褐色をしている。母は、台所の蛇口にガーゼの袋をつけて、水をこして、食器や米を洗った。一週間もすると、ガーゼは泥色に染った。」

風呂の話をしよう。延吉にいるときの最初の宿舎がいかにひどかったかということは、別の機会に述べる（「宿舎の思い出」参照）が、そこからいよいよ待望の新しい宿舎に移るということになったとき、あらかじめ見学しておこうということで、みんなで行ってみた。今度のところは明るく、陽当たりもよく、これはいいと思ったところで、風呂場をのぞいたら、シャワー施設だけで、浴槽がない。風呂はつからなければ入った気のしない私にとっては、耐えられないことである。そこで、他の日本人教師と語らって、連名で浴槽設置の要望書を出した。大学側もすぐ対応してくれたが、ホテルのような備え付け浴槽はもう工事も終わっていることだし無理だ、簡易浴槽（日本で通称ポリバスと言われているもの）で我慢してくれ、ということになった。とにかく浴槽があればよいということで落着した。以後、移動するときは、必ず最初に浴槽があることを確かめた。こちらの人の生活では浴槽のない方が当たり前のようである。ホテルでも、一流でないところはほとんどシャワーだけだ。

一日の疲れをとるのに浴槽につかるのは、私にとってはとても必要なことであった。だから、こちらに来ての贅沢といえば、毎日風呂にはいることぐらいであった。ところが、その楽しかるべき風呂に問題があることが分かった。それは特に冬場になると、体が痒くなることだ。冬場の乾燥と私の加齢が問題なのだと思っていたが、冬休み日本に帰ってきて風呂に入っていると、いつの間にか痒みがとれてくるのである。これはやはり中国の水に問題があるのだということがそれで分かった。大分後になって周りの日本人教師に聞いてみたら、歳をとった人はもちろん若い人も、誰も自分からは言わなかったけれど、みんな痒みに悩まされていることが分かった。軟水と硬水の違いがあるということは知っていたが、こういう形の影響が出るとは知らなかった。中国での生活が長くなるに従って、もちろん私の歳が増したということもあってだろうが、ますます痒みがひどくなってきて困ったものである。

お米のこと

冬休みや夏休みに日本に帰って来て、まず「日本っていいなあ」と思うことは、三つあった。ひとつは、前に書いたことと関係して、空気がうまいということである。これは我が家が東京の郊外にあり、しかも近くに緑の多い大きな都立公園があるせいかもしれない。それから、生水を何の心配もなく、がぶがぶ飲めること。そして、やはり「お米がうまいなあ」と思うことである。

最近は上海などでは、中国米よりかなり高い値段の日本米が、結構売れていると聞く。しかし、実は他の日本人教師が言うより、私は中国米もなかなかうまいと思っている。特に最初に行った東北の米は、日本の米に負けないという気がした。これには、日本人開拓民のご苦労が関係しているかもしれない。東北米がうまいということは、中国中に知られているようで、他の都市でも、スーパーに行けば、東北米と言って、ちょっと割高であるが、かならずどこでも売っていた。

中国の中部にある大学に移って、大学の食堂や学生がよく使うような街の食堂に行くと、確かにお米はまずかった。特に、四川米は、箸でつまもうとすると、ぽろぽろと落ちて、箸使いの下手な私には、難儀であったし、まずくて食べ切るのがつらかった。それでも炒飯にすれば食べられた。蘇州米のほうは、うまいとは思わないが、十分食べられた。しかし、自炊で使う米は、ささやかな贅沢で、やはり東北米にしたものである。

蘇州では、新鮮館という店や久光というデパートに行けば、日本米を始め、日本の食材が豊富に売られていた。しかし、みんなどれも値段が高いので、私はほとんど利用しなかった。唯一、納豆だけは、他のところで売っておらず、時に無性に食べたくなる食材だったので、ここで買うしかなかった（延吉のスーパーには納豆があった）。

食べ物雑感

私は中国の高級料理について語る資格も興味もない。私の食生活は、学校の招待の宴会を除き、寮に付属した学食か、学生が行く近くの町の食堂であった。

学食は、たいていいくつかの凹《へこ》みのある大きな金盆で、ご飯を入れる大きな凹み以外のところに、自分の選んだおかず二、三種類を盛ってもらう方式である。スープは無料だが、ほとんど味のないおいしくないものが多かった。一食五元から八元ぐらいだった。

学生達がよく行く町の食堂で、まず驚くのは、量の多さと油の多いことと味の濃いことである。昼飯に注文する、焼きそばにしても、炒飯にしても、まず食べ切れなかった。日本の食堂なら、特盛り級である。そして底が見えてくると、「どうしてこんなに油を使うのかな」と思うぐらい、油がたっぷりたまっているのが見えてくる。脂っこい上に味が濃い。中国では調理のとき、味精と呼ばれる味の素をたっぷり入れる。神経質な日本人の先生で、それを見ていやな顔をして、もう町の食堂では食べないといった人がいたぐらいである。値段は八元から一〇元。

綿陽の大学にいたときは、昼ごろになると、職員寮のあちこちの台所から中華鍋で炒め物をする音と香ばしい匂いがした。学内にある小さなコピー屋さんや果物屋さんの家族は、店先で、プロパンガスを使って料理を始める。たいてい大きな中華鍋に野菜と豚肉を中心にした炒めものだけで、それを囲み、家族がそれぞれ大きな器に盛ったご飯を手に持ちながら、箸を直接鍋に伸ばしていた。

蘇州大学の寮は、ホテルの一部であったが、客用とは別に、従業員用の食堂（といっても、食べる場所はなく、ただ料理を提供するだけ）があって、食事時間になると、あちこちの建物で働いている人が、小さな金盥《かなだらい》ぐらいの食器にご飯を盛った上に、自分の好きなおかずをたっぷりのせて自分の持ち場に運んでいた。中には待ちきれないのか、歩きながら食べている姿もよく見かけた。

繁華街の大きな店に比べ、その食事の中身の単純なのは言うまでもないが、その値段の安さと量から考えて、決して貧しさを感じることはなかった。

脂っこい食事を続けていると、私などはどうしても胃が重たくなってくる。そこで、さっぱり味のものを自分で作ることが欠かせなかった。その中で私が一番助かったと思うのは、豆腐の存在であった。これはただ暖めるだけでしょうゆをかければ、それで一品となるからだ。しかも、味もよかった。同じ意味で、ほうれん草、小松菜、青梗菜《ちんげんさい》など、青物野菜のおひたしも簡単にして胃にやさしい食べ物だった。こうした食べ方は、中国人には、味がなさ過ぎて理解できないだろう。

そういえば、私の行ったところでは、どこも果物が予想以上に豊富であり、流通の発達を十分うかがわせる状態だった。スイカ、リンゴ、みかん、ぶどう、バナナなどはどこにもあった。特にスイカは、一年中という感じである。寒い北の延吉でも、パイナップルが豊富に出回っているのにはおどろいた。学生達は、縦に何等分かした一切れに割り箸を刺し、砂糖水に漬けたパイナップルを好んで食べていた。中国特産のライチ、竜眼《りゅうがん》はもちろんのこと、海南島あたりから来るのであろうか、マンゴーなども豊富にあった。それぞれ日本では考えられない安さである。ただし、味はかなり当たりはずれがある。特にスイカは、目を利かせなければ、甘みの全然ないものにあたったりする。そういえば、中国人はスイカに砂糖をかける。「日本人は塩をかけるのが普通」と言ったら、びっくりしていた。リンゴは、日本のもののように中に蜜がたっぷりというものより、「子供の頃のリンゴはこんな味だったよな」という昔味のものが多かった。トマトは八百屋にもあるが、果物としても売られている。特にミニトマトは、デザートの果物としてよく出てきた。とにかく、脂っこい食事の多い世界では、果物の存在は胃を休める意味でも欠かせないありがたいものだった。

私と中国1　その個人史

　私が、教科書に載っている「知識としての中国」ではない中国と出会ったのは、一九五六年の高校生のときだった。春休み、友人二人と伊豆旅行へ出かけた。何日目かについた西伊豆の戸田《へた》には、東大の寮がある。宿を定めぬ旅だったので、ここに何とか泊めてもらおうと管理人とかけあった。海水浴客がいない季節はずれであったので、東大生の泊り客はほとんどいなかった。管理人の老夫婦は、「ちょっと待て」と言って、一人の歳のいった男を連れてきた。彼の判断で、私達を泊めてもよかろうということになった。彼は法学部の大学院生で、司法試験にチャレンジするために、ここに立てこもって猛勉強をしているとのことであった。何度目のチャレンジなのかは分からなかったが、私達の眼にはかなりの歳に見えた。その晩、私達は彼の現代世界をめぐる情勢分析について、長い講釈を聞くことになったのである。一九四九年、中国革命が成功し、現在着々と社会主義建設が発展していること。その影響によって、日本にも遠からず革命が起こり、新しい時代が来ること、等々、話してくれた。これが、私にとって、「生きた中国情報」の最初であった。

　私が大学に進んだ年、つまり一九五九年四月、安保反対闘争の第一派デモが組まれた。

それからは、日々デモの生活となった。国際社会では、アジアの台頭が叫ばれ、周恩来、ネルー、スカルノの三人の活躍が目立っていた。私はエドガー・スノーの『中国の赤い星』やアグネス・スメドレーの『中国の歌ごえ』『偉大なる道』、ジャック・ベルデンの『中国は世界をゆるがす』など、中国革命関係のドキュメント物を読みあさるようになった。そして、それまでの文学志望を捨てて、史学、それも東洋史を専攻することにした。

大学の学園祭では、学科として「南京虐殺」をテーマに選び、展示をした。このとき、図書館に通って「極東裁判」の記録を読んだり、日中友好協会に行き、資料を借りたりした。その流れで、日中友好協会に入り、地域会員の一人として、中国映画の上映会などに取り組むようになった。

大学を卒業した年の一九六四年一〇月、中国の核実験が行われた。それ以前、いかなる国の原爆実験にも反対と言っていた団体が、それに反対しなかった。私はその団体に不信を抱いた。

一九六六年、文化大革命が始まったことが報じられ、私はそこに新しい社会革命の可能性を感じ、深い共感をいだいた。七二年二月、ニクソンの電撃訪中に続いて、九月、田中角栄首相が訪中し、日中国交回復が成立した。それまで、日中友好運動を担ってきたグループの、完全に頭越しであった。革新派の地道な活動と、現実政治の力学とは関係ないものなのだ、ということを思い知らされた。さらに、しだいに文革の実態が明らかになってきた。それは私が想像していた観念的理想とは、まったく違うものであった。七六年、四人組が逮捕され、文革は終わった。中国共産党というものに対する考えがそれを通して変わってきたが、それを決定的にしたのは、八九年の天安門事件だった。私が学生時代から持ち続けていた、中国共産党は他の政党とは違うのだという考えは見事にひっくり返され、やはりただの政党でしかないということを認識させられたのである。

しかしだからといって、中国という国に悪感情を持つことはなかった。日本にとって、その文化の源の多くを負っている国としての尊敬と強い関心は、今日までずっと持ち続けている。

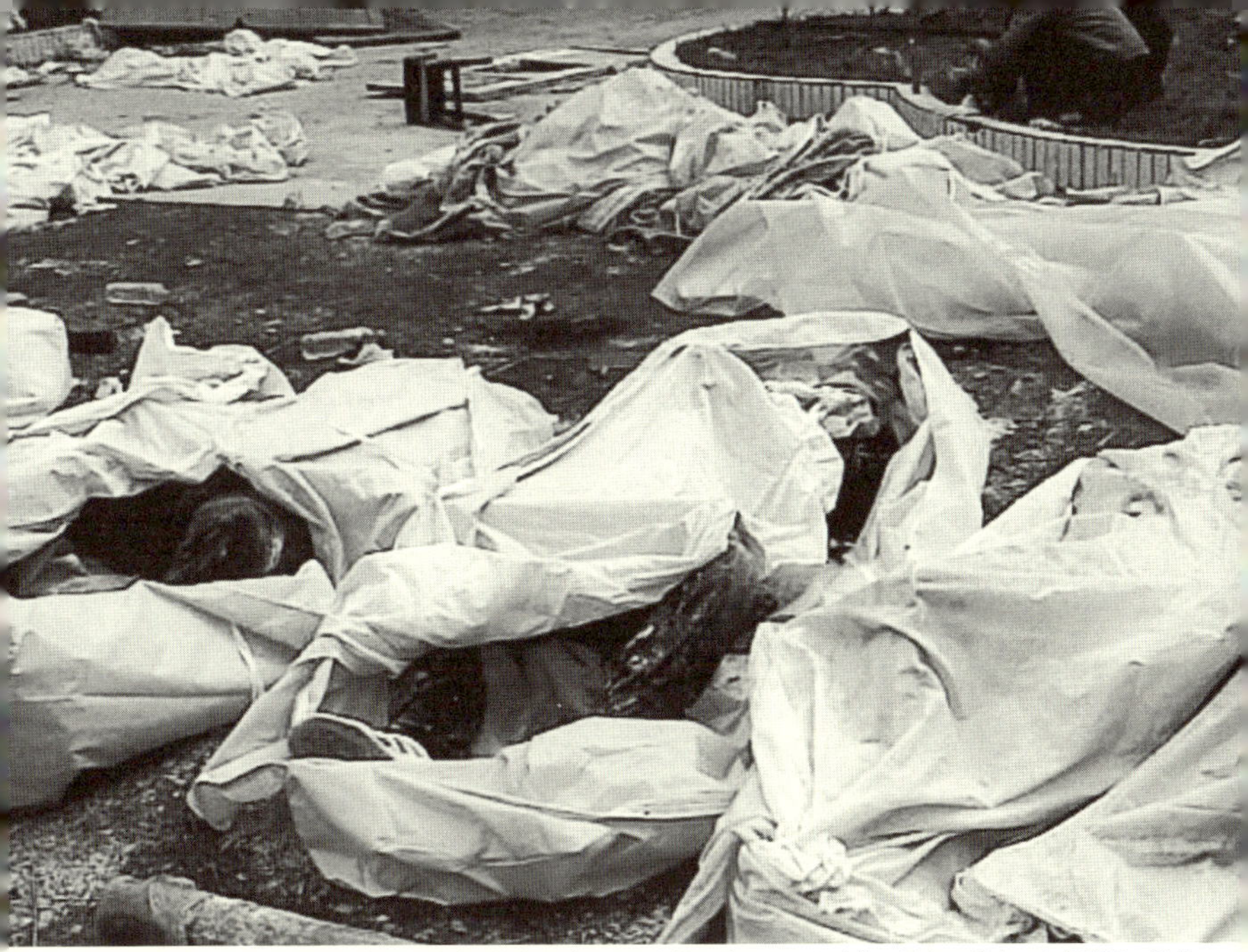

四川大地震で、綿陽の隣町・徳陽は壊滅的被害を受けた。広場に並べられた遺体。写真は学生・宋先明君の提供。

第二章

より深く体感する

延吉のこと

この章では、私が行った三つの都市にかかわる話を、もう少し深く紹介していこうと思う。

まず、初めて赴任した延吉という町について。当時、延吉の名は、前に触れたように、北朝鮮との国境の町として知られ、日本のマスコミでは、よく「脱北者の町」として取り上げられていた。「よくそんな怖いところに行くな」と知人から言われることもあった。ただ私はこの町というか地域に、二つの関心を持っていた。ひとつは、中国残留婦人・残留孤児問題に関心を持っていて、林郁さんの本『満州──その幻の国ゆえに』(筑摩書房)を編集したことがあったから、この町がその問題と深い関わりがあるのではないかという思いがあった。もうひとつは、親しくしてもらっていた在日朝鮮人の歴史家・李進熙さんが書いた本『高句麗・渤海を行く』(青丘文化社)から、この地域に高句麗時代と渤海時代の遺跡があることを知って、それを探ってみたいという思いがあったのである。しかし実際にこちらに来てみると、それらのことを知るのはそう簡単なことではなかった。

まず、脱北者を知ることはまったく出来なかった。それは当たり前だろう。見つかれば、強制送還されてしまうかもしれないのだから、我々がごとき者に分かるような姿で存在している筈もない。

それどころか、残留婦人・残留孤児のことも、ほとんど分からなかった。埼玉大学の深沢建次先生がかなり以前から毎年こちらに来て、ひと月ぐらい滞在して調査をしていらっしゃるのを知ったが、残念ながら先生はまだ著書をまとめられておられず、年々調査が難しくなっていると嘆かれていた。ほとんどあきらめかけた頃、延吉の隣町のひとつ龍井にある延辺大学農学部にいる中条朋子先生と知り合う機会があり、その先生のところに良く遊びに来る金鳳女さんのご主人が日本人で、こちらで亡くなり、そのお墓がある、という情報を得た。早速話を聞きたいと中条先生のところで会うことになった。しかし、金さんは中条先生には心を開いても、初めて会う私には、そんなに心を開いた話をすることは出来なかったろう。

ご主人は甲部正海《こうべまさみ》さんと言って、機械工だった。その腕を買われてか、戦後もこちらに残ることになり、金さんと結婚することになった。文革のときは、日本人ということで、ずいぶんつらいこともあったが、金さんは体を張ってご主人を守った。そして、彼女をいじめた人達は、文革後は彼女と会うのを避けていたという。一度日本にふたりで渡ったが、やはり生活がうまくいかず、甲部さんも中国に戻りたいということで、こちらに帰り、晩年は日本語教師として、地域の人々からも尊敬される存在になっていた。農学部で学校葬が行われたという。金さんの案内で近くにある甲部さんの墓にお参りさせてもらった。墓は学校のすぐ裏手にある小高い丘の中腹にあり、陽当たりも良く、後ろを振り向くと、学校を始め、町の姿が良く見下ろせるところであった。

ところで、この龍井という町は、日本軍が中国東北部に進出するに当たって、延吉より先に、大きな役割を果たしたところで、日本の総領事館のあったところである。それだけに日本への抵抗運動も激しい地域であった。尹東柱《ユンドンジュ》という夭折した抗日詩人の生まれ故郷でもある。

もうひとつの関心事であった高句麗・渤海の遺跡であるが、これも周りの人達に聞いても一向に関心がなく、なかなか分からなかった。李さんの著作の中に出ていた「城子山」という地名を手がかりに、学生を通して、歴史専門の先生に尋ねてもらって、ようやくあそこらしいという情報を得た。市内からバスで三〇分ばかり離れた山裾の村に行った。そこから、ゆっくりと、山と言ってもそれほど高くない山に登り始めた。小一時間歩いた頃、尾根に土塁らしきものを見つけることが出来た。これが李さんの言う高句麗時代の山城跡の一部だと信じて帰ってきた。その後もこの山には何回か行って、少しずつ遺跡らしきものを確認していったが、地元の村人はまったく関心もなく、保存状態は悪く、どんどん風化しているように見受けられた。

いったいにこの地域の遺跡の保存状態は悪く、ほとんど放置状態か開発工事で壊わされているところが多かった。ある村で遺跡が発掘されていると聞いて出かけて行ったときは、畑のなかにぽっかり住居跡らしいものが掘られていたが、写真を撮ろうとすると、近くにあった掘っ立て小屋から出てきた男が、「写真を撮ってはいかん」と言っていると、一緒についてきてくれた学生が通訳してくれた。大国なのに、ずいぶん「尻《けつ》の穴の小さい」ことだと、憤慨しながら帰ってきたこともあった。

延吉の博物館に連れて行ってもらったが、建物は実に立派であったが、なかの展示物が極めて貧弱なのにびっくりし、がっかりした。ちょっと本腰を入れれば、もっと価値ある遺物をいくらでも集められるのに、と思わないではいられなかった。もっとも、この地域からの出土品については、朝鮮側といろいろと論争の種になっているので、神経質になっているのだ、という話もチラッと聞いた。ますます「尻の穴の小さい」ことだと思わないではいられなかった。

この地域は、中国東北部と言っても、いわゆる、真っ赤な太陽が沈む大平原の「満州」とは違って、長白山山系に連なる低山が多く、農村部に行くと、極めて日本の農村風景に似ているところであった。

延吉の冬

延吉の思い出は、なんといっても冬の寒さだ。東京生まれ東京育ちの私にとって、零下二〇度以下の世界は、想像がつかなかった。一〇月に入って半ばを過ぎると、早くも一ケタ台の気温となり、スチームの入るのがいつかいつかと待たれるようになる。大体下旬にははいっていたように思う。

雪は一二月に入ってから降るのが普通だった。寒気が日本海を渡る前だから、降る雪の量は日本の日本海側のように多くない。しかし一二月はすでに零下の世界だから、いったん降った雪はほとんど溶けない。まず木にくっついた雪が樹氷の世界をつくる。そして地面に落ちた雪はさらさらで、風が吹くとまるで白いほこりのように舞い上がり舞い落ちていく。私の好きな風景のひとつだった。この頃吹く一段と冷たい頬《ほお》を殴りつけるような西風を、モンゴル風と言うのだと学生が教えてくれた。

運動場ではブルドーザーで雪を固めた上に水を流し、一晩置けば即席のスケートリンクが出来上がっている。そうなると、町の人も自由に入って滑ることが出来た。面白かったのは、この即席スケートリンクが出来ると、大学の門前に、スケート靴のエッジを研ぐおじさんたちが、昔の靴磨きと同じスタイルで、何人も並んだことである。稼ぎ口があれば、少しでも稼ぐというたくましさを感じさせた。

この季節怖いのは、道路が凍っているので滑りやすいことだ。一度キャンパスの中を歩いていて、足を取られて、見事にずってんどうと仰向けに倒れたことがある。幸い脇にいた、たくましい男子学生がすばやく手を出してくれたからだったろうか、頭を強打することは避けられた。それからは慎重の上にも慎重に歩くようになったが、それでも怖かった。

町の中心部の繁華街に行くには、殴られるように痛い冷たい風に頬を打たれながら、町の中央を流れる烟集河《イエンジー》に架かる延吉橋を渡る。その橋の上から下を覗くと、河原に氷で作ったジェットコースターのような長い滑り台が出来ていた。その氷は、そばを流れる河から切り出したものだから、きわめて効率のよい娯楽施設である。それにしては一回五元というのは、他の物価と比べて高いと感じたが、結構楽しんでいる若者達がいた。この河原では、そのほか、お城とか、氷の彫刻が、冬の間、気ままに作られては展示されていた。

この寒い冬が去って、裏山に清冽な真っ白いリンゴナシの花が咲くのも楽しみだった。

リンゴナシというのは、形も味もリンゴとナシのミックスした果物で、この地方独特の、地元の人が誇りにしている果物である。水分が多く甘いのが自慢、というけれど、日本の改良されたリンゴやナシを食べ慣れている者にとっては、特段のことはなかった。しかしその後で、あちこちで食べた中国産の果物は、日本で言えば原種的な味のものが多く、懐かしくはあったが、うまみということで言えば、このリンゴナシは確かに秀逸と言えるものだった。特に、秋の収穫期に散歩しながら、うらやましそうに見ていた私達夫婦に、農夫がもいで食べさせてくれたものは、町で買うものと違った格別の味がしたのを記憶している。

もうひとつ六月の初めになると、街路樹の柳から柳絮《りゅうじょ》が舞い、道路の吹き溜りに綿毛が球状になって転がっている風景も忘れがたいものである。

延吉の歴史

私はうかつにも延吉に来てから、この地が日本人にとって忘れてはならない土地のひとつであることを、だんだん知るようになった。それは延吉について日本人が書いたものを探しているうちに、新田次郎さんが自分の体験を基に書いた『望郷』（新潮文庫）という小説と、遠藤誉さんが書いた『卡子（チャーズ）』（文春文庫）という本に出会ったからだ。

新田さんの『望郷』の冒頭の章は、「延吉捕虜収容所」である。主人公・藤田（新田さん）は終戦と同時に、それまでいた新京から北朝鮮の定州に避難した。しかし、そこで拘束され、平壌郊外の捕虜収容所に入れられる。そこから帰国するという噂のもとに乗せられた汽車は、実際はまったく反対方向の北に向かっていたのである。

「全員下車の命令がかかるまで、誰もここが延吉であることを知らなかった。男達はそこが延吉であろうがシベリアであろうが、とにかく終点に早く着くことをのぞんでいた。／プラットフォームに整列させられる頃ようやく夜が明けた。野火は黒い煙を空に上げていた。低い雪雲が全天を覆っていた。ソ連兵が幾人かやって来て人員点呼をやった。（略）点呼をとるソ連兵の肩に雪がちらちら降り始めた。風も出た。夏衣の兵隊服一枚の男達は藁むしろ一枚を外套がわりに着て長い間立たされていた。吹雪の中を捕虜第八大隊は行進を起こした。」

これから延吉の収容所に入れられた彼らの苦労が始まる。実はこの延吉は敗戦時こういう捕虜が集結させられた拠点のひとつであったのだ。ここに書かれているように、敗戦が夏だったので、そのままの服装だった人々は、零下二〇度以下になる延吉の冬に耐えられず、亡くなった人々の数はかなりにのぼったのである。

遠藤さんの『卡子（チャーズ）』は、まさに九死に一生を得た彼女の特異な戦後体験を描いた記録であり、特に共産党が長春を包囲して作ったチャーズという区域内で展開された生き地獄のような体験を語った貴重なドキュメントである。ここではそれには触れないが、日本人いや中国人にもあまり知られていない歴史的事実のひとつとして、ぜひ読んでいただきたい。その生き地獄から抜け出した後の話が、下巻の第二部「延吉編」であり、その第六章が「解放区延吉」となっている。そこに次のような記述がある。

「ここはソ連との国境も近いということがあってか、もともと『共匪』の多いところと言われ、終戦前から治安不良の地として恐れられていた。長白の虎と呼ばれる金日成の威力も北朝鮮との国境線に沿って、延吉の朝鮮族の中に浸透していた。／(略) 延吉市は、中国の中でも特異な存在で、中国本土内にありながら、昔から中央政府の意向の届きにくいところであったらしい。現在では朝鮮族の自治州として行政の自治が認められている。終戦後は一度も国民党政府の支配を受けたことがなく、ソ連占領からそのまま共産党の側に引き継がれた。／延吉市の北方には日本軍捕虜の悲惨な末路を語る、二八収容所と六四六収容所の跡がある。私たちが延吉に着いた時には、終戦時の混乱や人民裁判はすでに下火になっており、代わりに洗脳の嵐が吹きまくっていた。」

　こういった事実を私はまったく知らずに延吉にきた。延吉の周辺には抗日革命烈士の記念碑がたくさんあるように、この地域で日本人が行なった帝国主義的侵略行為については知っていた。また敗戦後、関東軍に置いてきぼりにされた開拓民の悲劇についても、知っているつもりだった。しかしそれはまだまだ甘いものだったことが、少しずつ分かってきた。この延吉でどのぐらいの日本人の命が失われていったのか。正確な数はまったく分かっていないが、万を超えることは確かなようである。

　私は中国へ行くとき、ときどき耳にする、商社マンなどが中心になって、地元の人々と関わりも持たず、高級料理屋での宴会やゴルフに興じている日本人会などには、決して関わるまいと思っていた。幸い延吉には日本人会はなかった。日本企業はまだ二つ三つほどの中小企業しかなかった。そうなると逆に日本人同士の情報がなく、困っている人達もいるという話になった。そこで日本人教師と留学生が中心になって、日本人会を作る話が進み始めた。延吉だけでは少なすぎるというので、近くの図們・龍井を始め、ちょっと離れた敦化・暉春まで地域を広げて三〇数人ぐらいの日本人が集ったろうか。その中で私は最年長者ということで、なんと初代会長に祭り上げられてしまった。二〇〇六年四月のことである。地元の人々との交流に力を入れようという方針を立てたが、なかなか一般人との交流はむずかしく、結局延辺大学の学生達との交流が多かった。

さらに歴史を知ろうということで、日本人収容所の跡地めぐりをやることにした。延辺大学の日本人留学生の中に、歴史学を専攻している高橋国弘君というきわめて物静かな学生がいた。彼に頼んで調べてもらい、分かった市内にある収容所跡をたどるバスツアーを催した。捕虜収容所は一番多いときは四ヶ所もあったことが分かったけれど、今や跡地としては特に何も残ってはいなかった。ただひとつ、日本人収容所として使われる前に、多くの中国人政治犯を収容していたと言われる延吉監獄の跡地に、その旨の記念碑があるだけであった。実際この地域では、十分な納骨作業も行われることはなかったとのことで、私達の立っている足元にも遺骨が埋まっている可能性はゼロではない、と思うと、何の変哲もない地方都市の風景が一変する思いであった。

農家に泊まる

都市部と農村部の生活の落差はかなり大きいと感じることが多かった。特に延吉と綿陽の農村部は、蘇州の農村部に比べ、その貧しさは建物を見ただけで分かった。

延吉にいた二〇〇五年の国慶節休みに、学生の崔香花さんの故郷のほうを旅行することになり、「先生、私の家に泊まってください」と言われ、農村部にある彼女の家に、こういう機会はめったにないこと（実際これ一度だけだった）と、ありがたく泊めてもらうことにした。彼女のところは、果樹園と養豚をやっている、こちらでは比較的恵まれた家庭だと聞いていた。娘を大学にやるぐらいだし、彼女はなかなかおしゃれなので、それはそうだろうと、気軽に考えていた。

観光を終え、まだ明るい夕方、彼女の家に着いた。門から入って建物のなかに入ると、まず、さまざまな農具や藁が置いてある薄暗い納屋というか物置があり、なんともいえない臭気がこもっていた。さらに奥の扉を開けると、そこは奥行二メートル、横幅六メートルほどの長方形の土間になっていて、それに続いて一段高くなった一〇畳ぐらいの油紙を張ったオンドル部屋があった。もう一部屋くらいあって、私達はそちらのほうに泊まることになるのかな、などと考えていると、母親がその場で器用に料理を作り始めた。土間の一角は水場になっており、部屋に上がる側が竈《かまど》になっている。水は井戸水であるがモーターで吸い上げ、甕に貯めて置くようになっていた。水がかなり貴重なものであることを感じる。山菜と豚肉の何の気取りもない家庭料理であった。

この食事の最中に、壁ひとつ隔てて続いている豚舎が急に騒がしくなった。母親は急いで立ち上がると、部屋を出て行った。崔さんの説明では豚の出産だという。かなりの時間がたって母親は戻ってきた。私は豚舎を見学させてもらうことにした。住まいの部屋に隣接した扉を開けると、奥に向かう通路の両側に、柵で分けられた豚部屋が左右に五つずつ並んでいた。出産したのは、一番手前の部屋の豚だった。部屋はみんな使っているわけではなかったが、父親は今韓国に出稼ぎに行っているそうで、母親一人でこれだけの豚の面倒を見るのは大変だろう、と思った。

「じゃあ、寝ましょう」ということになって、人の住むところはこの一部屋しかないことが分かる。結局、妻と崔さん親子と四人で一緒に寝ることになる。まことに文字通りのせんべい布団が敷かれ、夜は意外と寒くなってきていたので、寝られるだろうかと不安になった。とにかく寝る前にトイレに行こうと案内してもらうと、先ほどの納屋を通って出た庭の一〇メートルほど離れたところに、小さなトイレがあった。四本の丸太が無雑作に立てられ、扉はなく、ただ屋根と三方に筵《むしろ》が引っ掛けられ、地面が少しえぐられただけのものだった。男の私はよかったが、妻にはかなり抵抗があったのではないかと思うが、黙って用を足して部屋に戻ってきた。

布団に横になって、オンドルのありがたさが分かった。先ほどの料理のときの火と、その後に少し薪を足してくれたのだろうか、床がホカホカと暖かい。ところが、こんどは天井でものすごい音がし始めた。戦後間もない私の少年時代には、商店街にある我が家の天井にも鼠がいて、夜になると活躍を始めたので、その音を怪しんだり驚くことはなかったが、その大きさと数が違うのだろう、音は比較にならないほど大きい。先ほどの納屋を考えると、かなりの数の鼠がいても不思議ではない。さらに、ときどき隣の豚舎で豚が動き回って壁にぶつかる音がする。今夜は眠れないな、と覚悟をするしかなかった。しかし、実際には、オンドルのありがたさであろうか、いつの間にか寝られたのである。

朝目が覚めると、母親はもう起きて外で働いていたが、崔さんはぐずぐずとしていた。しかし、やがて起きてくると、顔と頭を金盥に汲んだ一杯の水で器用に洗い出した。慣れたものである。空模様が悪く、果樹園は離れたところだとかで、見学することはあきらめた。朝食をご馳走になって、出発することになると、母親が私達へのお土産だけでなく、崔さんにも食べ物やら衣類やらいろいろ渡していた。崔さんはそっけなく受け取るが、親心は十分伝わってきた。

貴重な体験に感謝しながら大学に帰ったが、一年後ぐらいであったろうか、崔さんから、母親も家を処分して韓国に出稼ぎに行った、と聞いた。

崔さんの両親が韓国へ出稼ぎに行ったように、実は延辺大学に来ている朝鮮族の学生達の親（片親の場合もあるし、両親の場合もある）が、韓国へ出稼ぎに行くケースは、珍しいことではなかった。だから、冬休みや夏休み、家に帰っても親はおらず、もう何年も父親や母親に会っていないという学生も多かった。その多くは、親の仕送りを受けている祖父や祖母に面倒を見てもらっていた。また、いとこやはとこを「兄さん、姉さん」と呼んで、兄弟として一緒に住んでいる場合も多かった。

綿陽のこと

延吉を離れて別のところに行きたいと思っていたところ、ある知り合いの先生が、成都にある四川大学の先生を紹介してくれた。「残念ながら四川大学には今空きがないが、自分の知り合いが主任をやっている綿陽にある西南科技大学で『ぜひ日本人の先生をほしい』と言っているのでどうか」という話になった。成都の名は、三国志の蜀の都としてもちろん知っていたが、綿陽の名はまったく知らなかった。成都からほぼ北に向かって、車でさらに二時間ほどのところだという。「ま、いいかっ」ということで行くことにした。

二〇〇七年九月、成都の飛行場には、若い女の先生が迎えに来てくれていた。そこから高速道路に乗って綿陽に向かったが、途中工事中のところがあり、そこから一般道路に入ると、道のでこぼこがすさまじい。それでも何とか二時間半ぐらいで学校に着いた。

綿陽城市は、町の東側を北から流れてくる涪江と町の南側を西から流れてくる安昌江という二つの河に挟まれており、町の東南で安昌江が涪江に合流する形になっている。大学は市城区の東側を涪江に沿って北へさかのぼること、バスで四、五〇分のところにあった。四川大地震の震源地・汶川は綿陽の西側に当たる。この町については、まったく何の知識もなかった。近くに軍の重要な施設があるということを噂として聞いていたぐらいである。後に学生の案内で行った隣町・徳陽市には、実際大きな軍事施設があることが分かった。しかし、その施設のある地域は、兵士によって厳重に警護されていて、私達はその正門前の通りを車でさっと通るぐらいであった。このとき、ひなびた町・綿竹市にも案内してもらった。綿竹の郊外にある建物の白い壁には、三国志などを題材にしたかわいらしい年画のようなものが描かれていて、目を引いた。また、街中の土産物屋には、布で作られた小さな鯉が何匹か鯉幟のようにつなげられた飾り物があり、その素朴な味に惹かれて買った。

そもそも綿陽という土地は成都を攻略あるいは防御するための要《かなめ》の地であったという。古《いにしえ》に、偉い人がこの地をよいところだと見定めた子云亭という建物が城市内の西山公園の高台にあった。城市内の北外れにある大学から、さらに車で少し北に行った江油という町に、李白の故居を中心とした公園があった。また、大学と市の中心との間には、中国のテレビ生産第一位を誇る「四川長虹集団」の広大な本社工場があった。

この大学にいるとき私は、休み毎に歴史的故地を訪ねるようにした。まず成都。ここには劉備玄徳や諸葛孔明の廟など三国志に関わるものを始めとして、さまざまな史跡があったが、私は落ちついた雰囲気の杜甫草堂が一番好きだった。あとは成都近辺の都江堰、青城山、三星堆遺跡、さらに足を伸ばして、楽山の大石仏、峨媚山などの旅行を楽しんだ。

二〇〇八年五月、それらの町や山を四川大地震が襲った。私の訪れたところで言えば、徳陽・綿竹・都江堰・青城山は殊に甚大な被害を受けたのである。

四川大地震

二〇〇八年五月一一日午後二時すぎ、私は四川省の綿陽市にある西南科技大学の宿舎で午前の授業を終え、ベットに横になり、休息を取っていた。間もなく、大きく長い揺れがやってきた。居間の棚においてあった酒ビンが一本床に落ち、割れる音がした。それまでに東京で経験してきた揺れの中でも最も大きいものに匹敵するかな、という感じを持った。

買い物から帰って、ちょっと貧血気味ということで、別室に寝ていた妻が「揺れが長いので、中国の建物だからちょっと心配した」と言いながら現れた。調べてみると、電気・ガスは止まっているが、水は出ている。しかしそれもいつ止まるか分からない。急いで浴槽に水をためておく。テレビは当然のこと、インターネット、携帯もつながらない。時々かなり大きな余震が続く。間もなく外事所の人がやってきて、「室内は危ないですから、外に出ていてください」と言いにくる。仕方なく外に出て、しばらくあちこちの様子を見て歩く。近くの公園やグラウンドに人々が続々と出てきて、テント村が出来つつあった。薄暗くなってきて、体の調子の悪い妻は、やはり家の中に戻りたい、と言うので、部屋のなかにいると、また外事所の人がやってきて、「明日の朝まで外で過ごすように」という指示を出していく。中国人のようにテントを張る能力もない私達に、ただ外にいろ、という指示だけで、どこにという指示も、何の援助もないのが、いかにも中国らしく大雑把である。私達は、「分かった」ということにして、実際はずっと灯のない暗い家の中で過ごした。

この日、幸運なことが二つあった。ひとつは、バスで四、五〇分はかかる中心街のスーパーに買い物に行っていた妻が、昼の一時すぎに帰っていたこと。もし買い物からの帰りがもう少し遅い時間になっていたら、交通機関の混乱に巻き込まれてどうなっていたかと考えると、何の連絡方法もないだけに、ぞっとした。もうひとつの幸運は、日本にいる娘からの電話連絡を、ちょうど宿舎にいて受けられ、私達が無事であることを伝えることが出来たことである。電話回線はすでに混乱していたのに幸運だった。後から何人かの延辺大学の学生から先生のところに電話したけれど、ぜんぜんつながらなかった、と言われた。娘は、「連絡が取れなかったら、中国に行かなければならないか」と、半分覚悟を決めかかっていたという。

その夜の午前二時と午前四時ごろ、大きな余震があったが、無事夜が明けて来た。しかし、明け方から雨が降り始めていた。朝八時に予想より早く電気が戻ったので、ちょっとほっとする。学生が二人訪ねてきてくれる。彼らに連れられて、学生達が避難しているところに行く。彼らの寮の建物は危険ということで、池の周りにテントを張り、部屋から持ち出した布団の上に、みんなで寝転がっていた。学生の話では、地震の前日、何人もの学生が、この池からいつになく沢山の蛙が陸に上って来ているのに気づいていたという。大きなビニールを天井と床に敷き、かろうじて雨をよけている。それから、日本語学科の先生を訪ねることにした。主任は城市内のマンションということで、状況は分からないが、学内の宿舎にいる残りの二人の先生は、別々の建物であったけれど、ともに「危房（危険な建物）」というレッテルが貼られて、室内には入れなくなっており、建物近くの空き地にそれぞれテントを張っていた。しかし、一人の先生のテントは、その建物が危険というなら、建物のそんな近いところでは、危ないことに変わりないではないか、と思われるようなところに張られていた。さらに、土砂崩れが起きそうな斜面にテントを張っている人もあり、私達は「あんなところに」と心配したものである。

もう一人いた日本人の先生は、私達と同じようにずっと建物の中で過ごしたということだった。この先生は、ちょうど授業中で、学生達にすぐ「机の下に入れ」という的確な指示を出されたそうだ。しかし、大部分の中国人にとっては経験のないことなので、先生も学生もともに恐怖に駆られ、パニック状態になって、四階から飛び降り、そのために死んでしまった学生がいた。さらにもう一人、これは私も教えていた日本語学科の学生であったが、図書館で勉強していたところ、落ちてきた天井の破片が不幸にも首に当たり、出血多量で亡くなったという。校内で亡くなったのはこの二人であったが、大学の中の建物の損壊状態は、おおむね旧区より、建物が新しく建てられた新区の方が甚だしかった。その原因は、新区の建物の方が高いということもあったろうが、時代が下がるほど、建築ラッシュになり、材料の粗悪化や工事の手抜きがあったのではないかとも言われた。壁の崩れた校舎を見に行くと、剥げ落ちたコンクリートの壁の中は赤レンガが積み重ねられているだけで、耐震用の補強などはぜんぜんされていないのが、見ればすぐ分かった。私達の宿舎は旧区にあって、三階建ての、ワンフロアーに二所帯という小ぶりなものであったのが、幸いしたのかもしれない。一階の外壁の一部が剥げ落ちただけで、特に危険を感じるような状態になってはいなかった。それにしても、日のたつうちに広場のテント村はみるみる充実していくのに驚かざるをえなかった。

何日目かに、今夜遅くに必ず大きな余震が来るという情報が入ったので、今日はどうしても外のテントで寝てください、と学部長じきじきに車で迎えにこられて、このときは学校がしつらえたテントもあるというので、そこに連れて行かれた。そういう情報がどこからどのようにしてもっともらしく伝えられるのか、私達にはまったく分からなかったが、中国人達はかなり真剣にそういう風評を信じているようであった。もちろんと言うか、幸いにと言うか、それまでの夜より余震の少ない静かな一夜をテントの中で過ごしたのである。しかしコンクリートの上に寝袋だけというのは、やはり老体には厳しかった。

その翌日、ふるさとに帰れる学生は帰ってよろしい、という許可が学校から下りたということで、学生の数は一挙に半減した。その前から、一目散に故郷《くに》に帰った学生もいたと聞く。さらに気がつくと、中国人の若い方の先生もいなくなっていた。残っている学生の話ではやはり故郷へ帰ったということであった。しかし私達日本人教師にはまだ何の指示も出ず、待機状態が続いた。

これは何日目のことであったか、朝日新聞社の人が訪ねてきた。私の知り合いの記者から、取材をかねて、私の安否を確認してほしいと言われたということであった。彼は「思ったより被害は小さいですな。もっとひどいところはないですか」とのたまわった。私は、親しくしている学生・宋先明君から、彼の出身地であり、ここからそう遠くない徳陽が、かなりひどい被害に遭っていることを聞いていたので、彼を紹介した。彼の報告では、卒業した学校はつぶれ、先生や仲間のなかにも、沢山の亡くなった人がおり、まだ市内の広場には片付け切れない死体が転がっている、ということだった。結局その記者は、彼の案内でそこへ取材に行ったようであった。

回復したテレビを見ていると、震源地は中国の大きな地図で見ると、この綿陽とほとんど重なるような近さだったのにびっくりした。これでは日本にいる人達が見たら、綿陽も壊滅地域だと思っても不思議ではないと思った。しかし中国はでかい。地図で近く見えるところでも、実際にはかなりの距離があることが多い。大体四川省だけで日本以上の面積があると言うのだから。しかも綿陽は南北にかなり長く大きな地域で、北西部の山岳部では死者が一万人を超える大きな被害を受けたようだが、中央部にある綿陽市内は、それに比べ幸い軽微な被害であった。

しばらくして、バスに乗って中心街を見に行ったが、バス通りの両側にはその地域の商店の人々のものであろうテントがずっと続いていた。しかし中心街は意外と平静で、そこにある三つの大型スーパーをめぐったのだが、再開しているのは一軒だけで、中心街の人民公園にはいっぱいのテントが張られていた。ここのテント村には激震区から逃げてきた人達もいるという話であった。

私達日本人教師のこれからについては、なかなか指示が出てこなかった。そのうち伝染病のうわさ（実際、衛生面上の注意書きのビラが学内でも配られた）と、綿陽の上流の堰止められた川がそのうち決壊して、大水がここを浸すことになるかもしれない、という話も伝わってきた。五月二二日、やっと大学側から正式に退去してよろしい、という知らせを受けた。それからいろいろな手続きをして、結局地震から半月以上過ぎた五月末に日本に帰ることができた。

この大学の、緊急事態に対する対応はあまりしっかりしていなかった。近くの師範大学では、地震直後にすぐ、とりあえず二ヶ月の繰上げ夏休みを決め、学生を帰郷させ、安全を確認してから再開を決めたと聞く。西南科技大学では、学生に対しても、教師に対しても指示がなかなかはっきりせず、ずるずる延びた感じであった。当面の授業再開は無理という決定が出てからも、授業はやっている建前にするので、インターネットで学生の指導を続けてほしい、というまったく現実性のないことを言ったりしていた。

ティエンティエンのこと

西南科技大学での私達の宿舎は、三階建てで、ワンフロアに二所帯しかない小ぶりのマンションであった。私達はその三階に住んでいたが、向かいの家は老夫婦と若夫婦とその子供が一人という構成だった。地震の時、その子が二歳四ヶ月であることを知った。ということは、私達が引っ越してきた当座は、まだ一歳と七ヶ月ぐらいであったことになる。普通の中国の家庭と同じように、若夫婦は共稼ぎで、一日中ほとんど家におらず、祖父と祖母が孫の面倒をずっと見ていた。この女の子の名前は「ティエンティエン」（「甜甜」と書くらしいが、確かなことではない）と言った。おじいちゃんと仲がよく、おじいちゃんと話しているときの声は実にやさしく柔らかく、私達の心をずいぶん癒してくれた。ベランダに出たおじいちゃんが、ゆっくりゆっくり単語を発音し、彼女がそれを鸚鵡返しに言う、というのが、私達が行ったころの彼女達の日課だった。面白かったのは、この子の声がおじいちゃんと話しているときと、おばあちゃんと話しているときとでは、ぜんぜん違うことだった。よほどおじいちゃんと相性が良かったのだろう。おじいちゃんのゆったりとした太い声と彼女の柔らかな子供らしい声とが、なんともいえないハーモニーを作っていた。その彼女が、私達が冬休みを終えて宿舎に戻ってきたときには、すっかりおしゃべり上手な女の子に変身していた。

　ある日、私達が買い物に行こうと、ドアを開けて外に出ると、三階と二階の間の踊り場で、おじいちゃんにおしっこさせてもらっているではないか。そして、私達の顔を見ると、「没問題《メイウェンティ》」と言うのである。「没問題」というのは文字通り「問題ない」という意味である。察するに、階下まで連れて行くのが面倒になったおじいちゃんが、彼女にそこでおしっこさせたのだろう。そのとき、おじいちゃんが躊躇する彼女にその言葉を言ったに違いない。彼女は、その言葉をいつもの練習のように、何回も何回も繰り返していた。

彼女は、言葉の通じない私達と会うのが苦手であった。たぶん、言葉が通じないのに声をかけてくる私達に、どう対処してよいのか分からなかったからであろう。最初、近所の路上で会うと、急いで付き添っている人の後ろに逃げて隠れようとした。そのうち、彼女はひとつ良いことを思いついた。つまり、私達の姿に気がついたら、急いで目をつぶることだ。自分の目に見えないということは、私達がそこにいないということになるのだから。そのしぐさがなんともかわいらしかった。

そんな彼女ともだんだん親しくなって、言葉の通じない変な人だけど、悪い人ではないと思ってくれたらしい。「ナイナイ（おばあちゃん）」「イエイエ（おじいちゃん）」と言ってくれるようになった。しかし私達は相変わらず、「ティエンティエン」と「ニイハオ」しか言えないのだから、彼女も困ったことだろう。四川大地震で一緒に外で過ごしているうちに、近寄ってきて、ひざに触れたり、心を開いた動作を示してくれるようになってきたのだが、残念なことに、間もなく父親だけを残し、母親と老夫婦と一緒に、ふるさとである西安に避難して行ってしまった。さびしかった。

年寄りが孫の面倒を見るのは、中国の一般的な姿だ。西南科技大学の私達の宿舎のそばには、小学校と幼稚園があった。幼稚園児に付き添いが付くのは当たり前のことだが、小学校の高学年にも、多くおじいさんおばあさんが付き添っていた。そこで気になったことは、そのおじいさんおばあさんは、もう明らかに彼らより体力がないのがはっきりしているのに、年寄りに自分の鞄を持たせて平気な子を見かけたことだ。これが「小皇帝」を育てているのではないかと心配だった。

学生の気質も、私のいる間に、ずいぶん変わってきたように思う。乗り物の中で年寄りにすぐ席をゆずる若者の姿は、年々少なくなってきたような気がする。授業が終わった後、さっと前に出て来て黒板の字を消してくれる学生も、時代が下がるにつれて少なくなった。もっとも、わが国では、そんな姿が見られなくなってから、もう久しいことになる。

さて、私達が日本に引き上げるということが分かると、向かいの棟のおばあさんが私達を食事に招待してくれるという。お言葉に甘えて通訳をしてくれる学生達と一緒にお宅に伺った。ここは普段は老夫婦だけで生活しているのだが、今は娘夫婦が避難して来て一緒にいるのだという。台所では、ご主人と娘さんのご主人とが立ち働いていた。七八歳という彼女は矍鑠《かくしゃく》としており、家人を差配する姿は堂々としていた。妻は盛んにうらやましがる。しばらくすると、隣のおばあさんも料理を持ってやって来た。学生の話では、貧しい中国人はお互いのものを持ち寄ってみんなで食事をするのは、ごく普通のことだという。「言葉が通じればもっと親しくなれたのに」と、おばあさんは私達が言葉の出来ないことを残念がった。確かに私がもう少し会話が出来たら、と慙愧《ざんき》の念に耐えなかった。

中国人は、老いも若きも写真を撮られることが大好きだ。最後は、みんなで写真を撮ってお開きとなった。心温まるひと時だった。

蘇州の今昔1

四川大地震のあった年の一一月、私は九月の新学期から二ヶ月遅れて、蘇州大学に赴任した。蘇州のこともよく知らなかった。もちろんそれまでのところと違って、名前は聞き覚えがあったし、大変歴史の古いところだということぐらいの知識はあった。名前はたぶん「蘇州夜曲」という歌の題名のせいであろう。といっても、「君のみ胸に抱かれて聞くは」という出だしとそのメロディーぐらいのことであって、作詞・作曲が西条八十、服部良一という大物によるものであり、李香蘭（山口淑子）主演の「支那の夜」の挿入歌である、などということはぜんぜん知らなかった。しかしこちらの何人もの人達に、「先生、知っていますか」と聞かれて閉口した。この歌は、戦争中に作られた国策映画の主題歌で、中国ではタブーになっているもののひとつであるはずなのに、どうして彼らから聞かれるのか、不思議でもあった。歴史が古いということについても、かの有名な四字熟語「呉越同舟」の語源である、春秋戦国時代の呉の王様が支配していた地域であるなどという具体的なことについては、情けないことに、ほとんど無知であった。

こちらに来てから、芥川龍之介の『江南遊記』や司馬遼太郎さんの『街道をゆく19 中国・江南のみち』などに目を通したのである。そして帰ってから、戦前一四年間も上海に住んでいた林京子さんが文革後こちらを再び訪れたときの作品『上海』を目にしたのである。

芥川は蘇州の章の最初の部分を「驢馬は私を乗せるが早いか、一目散に駆け出した。場所は蘇州の城内である。狭い往来の両側には、例の通り招牌（昔の看板のこと）が下がっている。それだけでもいい加減せせこましい所へ、驢馬も通る、轎子も通る、人通りも勿論少くはない」と書き出している。彼が江南を旅したのは、今から九〇年ほど前の大正一〇年（一九二一年）である。蘇州のその時の姿と、現代との違いに驚くべき差があっても致し方ない年数だ。それでも、この「通り」というが今のどこらあたりだろう、などと想像するのも楽しい。彼が回った市内の北寺塔、玄妙観、瑞光寺、文廟（孔子廟）、留園、西園、市内からちょっと離れた寒山寺、虎丘をはじめ、天平山、霊岩山などみな現在も、観光地として健在で、彼の訪れた時代との違いがなんとも面白く読める。中国の先生に言わせると、芥川はこの地が荒れていると盛んに書いているけれど、その時代は中国の国力が一番弱まっていたときで、仕方がなかったのだ、という。確かに芥川は文廟や虎丘の荒廃を書いており、他のところもそれほど魅力がないとも書いているが、「蘇州はつまらない所じゃない。蘇州にはヴェニスのように、何よりもまず水がある。」「水路だけは実際美しい。」とも書いている。

蘇州の旧市街は、外城運河で取り囲まれた中にあり、「姑蘇」と呼ばれる。中には縦横に運河が張り巡らされており、無数の石橋がある。現代はその姑蘇の外側の、主に東と西にどんどん現代都市として発展している。姑蘇の中は建物規制があり、白い壁と黒い屋根瓦が義務づけられているという。路も裏道には石畳の道が多い。しかしなんと言っても自動車、電動車があふれかえる風景は、どう見ても趣きがあるとは言えない。それでも、一〇年前の二〇〇〇年前後にこちらで働いていた先生の話を聞くと、その頃までは、まだ櫓《ろ》漕《こ》ぎの舟が日常生活に使われており、運河を行く舟の趣きがなんとも言えなかったという。今見ることの出来るのは、外城運河を行く観光船と街中の狭い汚れた運河をときどき掃除している舟だけである。もっとも、外城運河のさらに外側の南側と西側を走る、随の時代に作られたという京杭大運河には、いまだに土砂を積んだりごみを積んだり、日常物資を運ぶ船が、かなり頻繁に行き来している。しかし、風情のあるというものではない。

私がそれまでいた地域と異なり、蘇州市内には世界文化遺産に指定された名庭園がいくつもある。それらを見るだけでもなかなか大変だ。芥川が挙げた以外にも、拙政園、獅子林、滄浪亭、網師園などの名園がある。しかし中国の奇岩を中心とした庭園というのは、いくつか見ると飽きてくる。日本の簡素な庭園のほうが見飽きない。「蘇州市城区地図」

を見ると、昔の城壁跡がかなり残っているように書かれているが、実際はほとんどない。私は観光地化した有名な庭園よりも、宿舎にほど近い双塔がある狭い通りや、今や観光地化してきて魅力が乏しくなってしまったが、平江路という細い運河沿いの古い通りを歩く方が好きだった。

繁華街としては、現代的な商店ビルと高級料理屋が建ち並んだ観前街が、若者達に現在一番人気があるようだ。ここはもともとは、玄妙観という寺を中心とした門前町であったはずだが、今は若者がショッピングに集まる、きわめて現代的な繁華街になっており、週末はその周辺はいつも交通渋滞していた。私達の宿舎のある十全街は、元は外国人が利用するホテルが多いところとして栄えたようであり、今も確かにその面影は残っており、しばしば買い物をしている西洋人の姿を見かけるが、新しい高級ホテルがほかの地区に建てられるようになったので、やや寂れ加減ではないだろうか。ここには小さく区切られた商店が軒を並べていて、目立つのはブティックと食堂、バー、最近急増しているのは若者相手の飲み物スタンドというところだろうか。覗くと、いつも満員なのはネイルサロンだ。もうひとつ山塘街という古い繁華街あり、昔の色町でもあったそうだが、今は観光みやげ物屋が軒を並べている。私は前の二つよりここが好きだ。さらに今あたらしく急速に伸びてきているのが、姑蘇の外、東部の園区にある金鶏湖の周辺である。大噴水のある湖岸のデートコースや西洋の町並みを真似たという一角や高級レストランがずらりと並んだ地区とか、社用族をはじめとして、上昇志向の人々や若者に好まれているようだ。

今蘇州は、東西と南北に地下鉄を走らそうと、工事を急ピッチに進めている。経済発展を急速に遂げている新区と園区をむすびつける東西を走る線は、二〇一二年完成目標と聞く。この一、二年で、この町の様相はまたさらに大きく変わることだろう。

蘇州の今昔２

司馬遼太郎さんが二度（一九七八年と八一年）の蘇州滞在で泊まった宿は、私達の宿舎があるホテルのはす向かいにある一流ホテル・蘇州飯店であった。だから、司馬さんが描写しているホテル近くの次の場所は、私が日常的に生活していたところになる。友誼路は、今は十全街と呼称が変わっている。

「友誼路は、プラタナスの枝葉でトンネルのようになっている。門を出てすぐその大路を横切ってみた。

つまりは、小路をたどった。たどるというほどもなく、十数歩で石橋に達した。言いかえれば、友誼路の北側の家並みの裏に、運河が流れているのである。石橋は、その淀んだ運河をまたいでいる。

このいわば陋巷にかかった無名の橋は、長崎の眼鏡橋などに影響をあたえた中国の典型的な構造のものだが、橋路の形は半円ではなく、登ってゆくとしばらくして勾配はやみ、平坦になる。十数歩平坦な橋上をあるき、やがて勾配をくだる。

白い壁の家並みが、運河に沿ってひしめくようにならび、わずかにだいだい色の外灯が夜気を払っているのみで、橋畔に佇んでいると、墨絵の墨のなかにまぎれこんでしまったような感じがした。

とりわけ、闇にうかびあがっている家々のシックイ壁が父母未生以前浮世の中の色彩のようにうつくしいのである。（略）

私は、最初にきたときにそうしたように、夜の友誼路を横断し、無名の石橋をわたり、対岸から運河ぞいの家並みを見た。

この景観は、壁のしみひとつ変わっていないように見えるが、印象は以前よりも、すばらしかった。

『パリの壁よりすばらしいです』

と、須田画伯がいった。」

私にはこのような感動はなかった。私の感性に問題があるとしても、その大きな原因は前に書いたような時代の変化による辺りの状況の激変であろう。宿舎を出たところの風景に部分的に司馬さんが描いたような雰囲気は残っている。しかし、残念ながら、それは写真のワンカットシーンとしてであって、現代化した町全体の雰囲気がもはや全く違うというしかない。自動車時代になっては、友誼路は今や大路ではなく、交通渋滞を呼ぶ狭い道路というべきものになってしまっている。運河も写真や夜でこそやや趣きがあるが、実際はきれいな水ではない。

もうひとつオヤッと思ったのは、「無名の橋」とあるが、私の気のついた限り、どんな小さな橋にも名が付けられていて、私はさすが「文字の国」と思ったのだが、橋に名が付けられたのは、最近のことなのだろうか。

ある日、研究室で朱さんと雑談しているとき、一人の年配の女性が入ってきた。朱さんは、急いで立ち上がると、私に「呉先生です」と紹介してくれた。そして、「呉さんは、司馬さんたちが蘇州に来たとき、通訳した方です。司馬さんは美人と書いていますよ」と付け加えられた。たしかに、司馬さんは、「地元の日本語通訳の呉少媛さんは、目鼻のくっきりした浙江顔の美人である。」と書いている。この朱さんの紹介に、呉さんは「司馬先生はああいう方ですからね」と受けられた。それは、「司馬先生はどなたにも優しい方ですから、私のこともそう書いてくださったのです」という意味に取れた。それは、呉さんが単に正しい日本語をしゃべるだけではなく、微妙なニュアンスまで含めて使える、秀れた方だということを示していた。私は、司馬先生の前にいた三〇年後の呉さんにお目にかかることができたわけである。

（これも後から得た知識によると、呉先生は、蘇州大学の日本語学科創立にかかわったお一人だそうである。そして、浙江省出ではなく、元は広東出身で、ご自身は日本で生まれ日本で育ち、改革開放後、中国に戻り、以後日本と中国の間を行ったり来たりされているそうである。これで呉先生の日本語上手の謎が解けた。）

林京子さんは、上海に住んでいた戦前、遠足で訪れた蘇州駅の周辺と一九八三年に訪れたときの違いを、次のように簡潔に描写している。

「蘇州駅は、赤煉瓦に錆色がしみた、旧い建物である。上海生活十四年（略）、子供のころの記憶にある蘇州駅は、ホームからも駅前の広場からも、淡褐色にみのる秋の平原が見えた。ぼうぼうと草の実が茂る雑草地と耕地の、一方の地平線上に、背をまるめて伏した丘が見えた。丘も淡褐色をしていた。ホームの屋根も、駅舎もなかった気がする。（略）三十数年ぶりにみる蘇州の駅は、半都会的で人臭く、視界も狭くなっていた。」

いわんや、今日においてをやである。今や蘇州は半都会ではなく、立派な都会である。ところで、中国の多くの町が歴史的に城郭の町であることは常識である。しかし現在それを見ることはなかなか難しい。近代化の中で次々と壊されてしまったからである。私が見ることが出来たのは、西安、南京、それに荊州に残されていた城門ぐらいであろうか。この蘇州にもわずかながら残されていた。私が見ることが出来たのは、古い蘇州の町・姑蘇の南東にある桂花公園に残されているわずかな城壁、反対の南西角にある盤門、そこから程近い北側に胥門、さらにその北側の繁華街石路の近くにある閶門である。盤門を除き、どこまで本物か怪しい、近年の観光用に再構築されたものもあるかもしれない。

　というように、城郭は少なくなったが、中国人のこの感覚は今日にも確かに残っている。それは町を車でちょっと走ると、すぐ分かる。今や規制のある姑蘇の外側周辺の至る所に、にょきにょきと高層のマンションが建てられている。高層と言っても、現在のところ、七階ぐらいが多いが、土地の値上がりとともにどんどん高くなっているようだ。そのマンション群は必ず、城壁とも言うべき立派な壁によって囲まれている。そして入口には必ず門衛が立っているのである。このマンション群にはそれぞれ名前がつけられており、私の見たところでは、「――花園」「――新村」というものが多かった。「――新村」と名づけられるように、その囲まれたマンション群は、もちろん大小さまざまだが、ゆうに一村の人口に匹敵する人々が住んでいる。

　この門を入って（あまり誰何《すいか》されたことはないが）各棟に行くと、もちろんその入口は自動ロックされていて、そこの住民と知り合っていなければ、あけてもらえない。棟に入ると各家のドアがあり、ここにももちろん鍵がかけられている。つまり最低三重の門があるというわけだ。昔の胡同の構造がどうなっていたのか、残念ながら私はよく知らない。ちょっと覗いた限りでは、やはりひとつの門を入った空間のなかに幾家族かの家があるようだった。その伝統の残りでもあるのだろうか。さらに一階部分の窓には、無骨な鉄柵がはめられているところが多い。学生の寮などは二階ぐらいまで、鉄柵がはめ込まれているのが普通だ。それだけ物盗りが多いということだろう。

さらに、私の気になったのは、先ほど言ったように、マンション群は必ず塀に囲まれ、門衛がいるのだが、ある人に言わせると、門衛は地元の人間ではなく、外省人だから信用できないと言うのである。「じゃあ、何のためにおいているのだ」と言いたいが、彼らのそれだけ身内以外の人間を信用しない話として、私は聞いておいた。

博物館のこと

前に、延辺博物館にがっかりしたことを書いたが、私は中国の博物館が好きだ。蘇州にも蘇州博物館というのがあって、なかなか立派な建物である。建物が立派なのがよいのではなく、そこに展示されている紀元前数世紀のものから、清朝・民国までの作品の、実によいものがたくさん並べられている。日本の博物館ならこのうちの一点でもあれば大騒ぎだろう、などと思ったりする。しかし、最初のとき案内してくれた人の話では、これでもいいものはかなり上海博物館や故宮に持って行かれたのだと言う。

二年目であったろうか、入館無料となった。観光施設の金儲け主義に腹立たしかった私には、珍しくうれしいニュースだった。ところが、これがためであろうか、土・日に行くと、満員でゆっくり見ることもできなくなり、私は土・日には行かなくなってしまった。日本から来る友達も、週末にぶつかったら、案内しなかった。それほどの混みようだし、その多くの人達が携帯のカメラ機能で、係の制止もなんのその、めったやたらに写真を撮りまくっているのにも、うんざりだったからだ。

私が、中国の博物館が好きだ、と言ったのは、ここだけのことからではない。北京の故宮は行ったけれど、大きくてゆっくり見るには数日かかるという上海博物館などにはまだ行っていない。でも、ちょっとしたところの博物館に意外によいものがあるのに、びっくりさせられるとともに、やっぱり中国は広い国だなあ、と思わされるからである。まだ、中国に住むようになる前、もう一〇数年以上前になるだろうか、観光で三峡下りをしたことがあった。このとき案内された重慶博物館は、お世辞にもきれいとは言えなかった。しかも、薄暗い殺風景な展示室に、紀元前のものが無造作に置かれていた。その中にちょうどボートぐらいの大きさの木彫りの舟があったが、自由に触れられるどころか、乗ってみたりもできるような形で、一室の真ん中にぽんと置かれているだけなのには、びっくりしたものである。

もちろん今はもう立派なガラスケースの中に収められているだろうし、博物館そのものが立派なものに建て替えられているに違いない。この一〇年でそういうものの充実振りは急ピッチに進んでいると推測される。

延辺大学にいた夏休みだったか、かねてから行きたいと思っていた集安にある高句麗好太王の碑を見に行った。ここは最初に下見旅行で延吉に来た年、地図で見ると延吉にとても近いので、気軽に「行きたい」と申し出たら、案内の人に「先生、そこは日帰りでは行けませんよ」と言われ、びっくりしたことがあった。延吉に落ち着いてから、幸い教えている学生の中にその地の出身者がいて、案内してくれることになった。しかし、そこに行くまでのバスが大変だった。まず、吉林で一泊して、翌日バスで集安に向かった。これが山越えのでこぼこ道で、危うく天井まで跳ね上がるかという代物だった。くたくたになってついた集安の町は、のんびりとしたのどかな気持ちのいい田舎町だった。町は鴨緑江にそって作られており、かなり上流になるから、川幅は一〇メートルもない。大声を出せばゆうに対岸の北朝鮮の人々（女の人達が洗濯などをしていた）に聞こえるほど近い。町の人達は、日常的に北朝鮮側の山を仰ぎながら生活しているのである。

この町に、高句麗好太王の碑があるのだが、亭風の屋根の下に四方ガラス張りで守られていた。その学生の話では、一年前まではガラスの囲いはなく、手でじかに触れられたし、自分達の子供のころは、ここや近くの古墳群は格好の遊び場だったという。それが近年、世界文化遺産に指定されてから、にわかに整備され、立派な観光施設になったのだ、と言うのだ。「もう一年早く来ればよかったね」と、妻と残念がったものだが、それでもさすがにまだ、交通不便なところだし、観光客が押しかけるということもなく、気持ちのいい町として印象深く残った。

このようにチャンスを逃すと、どんどん変わってしまうのが、今の中国のありようだ。私が訪ねたところで印象よく残っているのは、三国志によく出てくる荊州の博物館で、ここは近代的に整備されていたが、町全体がひなびた歴史を感じさせる町で、気持ちよかった。この博物館の目玉は、ミイラであったと記憶する。

四川省の大学にいたときに行った三星堆博物館は、この地方に独自の文化が古くからあったことを表す不思議な出土品の数々があって、記憶に深く残っている。

蘇州を引き上げるとき、最後の旅行を私の体調不良もあって、前から考えていた遠出をやめて、蘇州の近辺にした。蘇州からまず鎮江へ、そして揚州に行き一泊、翌日は揚州で、鑑真和上ゆかりの大明寺を見て南京に行き一泊、三日目は南京を見て帰るという、小旅行だった。だから、大して期待もしていなかった。しかも初日は雨も時々ぱらぱら降るという悪条件だった。しかし、特に何も期待していなかった鎮江で、運転手さんの勧めで行った博物館は、元英国の領事館だったという建物を、そのまま博物館に利用したとかで、他のところと違った趣きがあったし、その界隈の町並みもまた風情のあるもので、思わぬ拾い物をした感じだった。同行した学生も、「この町に住んでみたいですね」と感想を漏らしていた。このように中国には思わぬところに、すばらしいものがまだまだたくさんある国である。

記念館めぐり

最初に赴任した延吉という場所は、再三言うように、北朝鮮との国境の町である。程近い図們という町から図們江（朝鮮側からは豆満江と呼ばれる）を橋と鉄橋で北朝鮮に渡れるようになっている。もうひとつの北朝鮮との連絡口は、ずっと西南になり、長白山（朝鮮側からは白頭山と呼ばれる）を挟んで、河も鴨緑江という名の河に沿った丹東という町である。先に述べた集安のずっと下流になる。そこへは残念ながら私は行ったことがないが、生前の金正日氏が北京に行くときよく通ったので有名だ。またこの両方とも、日本人にとっては、軍隊をはじめ、多くの満州移民団を送り出したところとしても、忘れてはならない場所である。

さて、そういう地域だから、町の中はもちろん郊外を旅しても、いわゆる抗日革命烈士の碑があちこちにある。近場の観光地に行っても必ずと言っていいほどあり、ちょっとうんざりした気分にも、申し訳ないけれど、なることもあった。

まだ日本で働いていた頃の、初めての中国東北旅行のとき、瀋陽に行ったので、コースに入っていなかったけれど、満州事変を起こした柳条溝へ連れて行ってくれと、旅行社の人に頼んだ。これと言ったもののない草むらに、大きな「九・一八革命記念館」が建設中で、まだオープンされていなかった。その草むらの脇を線路が走っていた。「ああ、ここの線路を爆破したのだな」と土手を登って、線路上に立って歴史を感じ取った。おそらく今は革命記念館を中心に、かなり観光地として整備されていることだろう。

この旅行のとき、ハルビンへも行ったので、七三一部隊の跡地にも行ってみたかったのだが、その思いは果たせなかった。延辺大学を去る最後の夏の旅行にハルビンを訪れて、やっと思いを遂げることができた。ハルビンの町の中心部からバスに小一時間も乗っただろうか、平房区というところへ着いた。あたりは団地がいっぱい建ち並んでいて、何か場違いな感じだった。その一角に七三一部隊の跡地があった。かつて事務棟だったと思われるものが残っていて、そこの地下が展示室になっていた。とても暗い。もう少し展示物を見やすく照明をあげたらどうかと思うほどである。これが石井四郎所長専用の階段だったという階段を上って外に出ると、大きな煙突が二本、建物の残骸の中に立っている。これが「まるた」（生体実験に使う中国人のこと）を焼いた煙突かと思うと、胸が苦しくなる。「まるた」を収容していた建物などは、部隊が逃亡する際、証拠隠滅のため破壊して行ったので何も残っていなかった。驚いたのは、残った事務棟にほとんど隣接するように学校があったことだ。確かハルビン第二五中学校と言ったと思う。学生達に生きた歴史教育をするにはいいかもしれないが、何か心に引っかかるものがあった。

延吉からは、北京経由で帰ることもあった。延辺大学を引きあげた二〇〇七年七月、北京で降りて、盧溝橋に行くことにした。北京の中心部を離れてちょっとひなびた感じの村に車から降り立つと、まず「中国人民抗日戦争記念館」に行く。この日はちょうど盧溝橋事件七〇周年記念に当たり、無料公開されていた。したがって、たくさんの人が詰め掛けていた。館内で見学しているとき、CCTVの人からインタビューされるというハプニングもあった。記念館を出て、昔の城門を出ると、そこにすばらしい橋が架かっていた。時代を感じさせる石造りの橋の欄干には一つ一つ丹念に獅子が彫られている。橋もすばらしいが、この地域一帯の風景が予想していなかった美しさで圧倒された。何でこんな美しいところで戦争を起こしたのだろうと思わずにいられなかった。ここは、私は知らなかったが、燕京（北京）六景のひとつだったのだ。

いよいよ中国滞在の最後になったとき、蘇州大学の主任の朱建明さんと洪濤さんと三人で、南京に一泊旅行をした。ツアー旅行者として一〇数年前来たとき、やはり見ることの出来なかった「南京虐殺記念館」をどうしても見ておきたかったからである。南京大学の先生の車で送ってもらい、広く立派な記念館に入った。日本人として目を背けてはならぬという思いが強かったが、私にとって新しい発見はなかった。あまりに膨大な資料を集め、それをそのまま展示し過ぎ、むしろ全体としての印象が薄められてしまっていた。この感想は、同行した中国の先生達も同じだった。

中国は徴兵制ではない

ところで、中国は徴兵制だと思っている日本人は、意外と多いのではないか。私の友人知人の中にもいる。しかしそれは間違いだ。私の聞いた範囲では、軍隊に入ることは、けして悪い就職口ではない、という考え方があるそうだ。もちろん大学生に人気のあるというものではない。

延辺大学で親しくした男子学生の一人・李成龍君が、軍隊の試験を受けることになった。彼の実家は東北部でもかなり辺鄙な農村で、とうもろこし生産が中心の現金収入の少ない貧しい農家だという。それでも、親は彼がかわいくて(もちろん大いなる打算もあって)、無理して大学にやったのだろう。体格のがっちりした大柄な彼は、童顔の笑顔が人懐こい、実に朴訥な青年だった。成績はよくはない。その彼が軍隊を受けるという。妻が「軍隊に入っても、戦争のあるようなところに行かされないようにね」と言うと、「僕が受ける部署は、空港の税関のような仕事する部署ですから大丈夫」と笑顔で答えてくれた。軍隊に入ることが出来れば、衣食住はもちろん支給され、貰う金は、まるまる小遣いと家への仕送りに使える。それが彼にとって魅力だったのだろう。

試験は順調にいき、最終段階になった。ある日、「先生、事務所のほうに来て、ちょっと人に会ってください」という。なんだろうと不思議に思いながら行くと、学生の世話係もかねている若い先生が、「軍隊の人が来ていて、先生に彼の面接をしてくれというのです」と言う。どういうことかと、いぶかしんでいると、私と彼とが日本語で話し合っている姿を軍から来た人が見て、最後に私が彼の日本語能力について判定する、ということのようであった。不思議なことは、その軍の人は日本語がぜんぜん分からないというのである。それで、どういう意味があるのだろうと思いながら、彼と雑談して、一定の時間が来ると、「どうですか」と、若い先生が尋ねてくる。「彼はクラスの男子の中では一番まじめだし、日本語も出来るほうだ」と、伝えて貰った。少しおまけすれば、嘘ではない。クラスの大部分は女子で、彼女達のほうが日本語のレベルははるかに高いのだが、男子の中で比べれば、嘘にならない。不思議な面接が終わり、次は身体検査だという。そして、やがて「先生、合格しました」とニコニコしながらやってきた。

卒業してもう五年たつ。今彼は結婚もし、子供も出来、牡丹江の防疫課で働いているという。「こちらのほうに来る機会があったら、ぜひ連絡してください」と、日ごろ日本語を使う機会がないので、と一段とたどたどしくなった日本語で明るく言う。たぶんもう会う機会はないだろうが、もう一度会いたい学生の一人である。

中国のお寺

中国人の信仰は今どうなっているのかと、ときどき聞かれる。私の最初の赴任地、延吉は朝鮮族の町だったから、宗教としてはキリスト教が中心だった。町のあちこちに十字架を見ることができた。韓国に行ったときは、鉄道の駅ごとにそれこそ駅前の一等地に教会があったのを思い出す。私を呼んでくれた李さんが、そもそも牧師さんだったが、彼の話では、あまり派手な布教活動さえしなければ問題ない、とのことだった。一度クリスマス会に呼ばれて彼の教会に行ったことがあるが、若い人もたくさんいて、びっくりした。クラスの学生の中にも何人か信者がいたようである。

私が延辺大学に来て、最初に行った寺は、敦化というところにある東洋一大きいと言われる尼寺だった。小高い丘の上に、広大な敷地を持った寺であった。どちらかと言うと、東南アジア系の仏像で、その色彩感覚が日本のものと違って、私には落ちつかなかった。共産党員であろう同行した学生が賽銭をあげて、拝んでいる。「君は共産主義者で、仏を拝むのはおかしいんじゃないか」と言うと、「でも、試験にいい成績を取りたいし、お母さんの健康もお願いしたいし、いいんじゃないですか」と、けろっとしている。私の学生時代には、左翼分子の端くれとして、思想の純粋性について、いろいろととんがって考えていたのに比べると、実にあっけらかんとしていて、思想的な葛藤などというものはほとんど感じていないようである。このことは彼女だけでなく、現代中国の学生に広く見られる傾向のように思う。

その後、私が行った峨嵋山や黄山のお寺は、観光地のものとしてそんなものかと見て回るだけだった。そういう観光地の寺でも仏の前に膝まづいて祈っている人の姿が多く、最初は驚いたものだ。しかし私が興味を引かれたのは、そういう有名な寺ではなく、街中《まちなか》の小さな寺のありようだった。蘇州の街中にある、観光客などいない小さな寺を、散歩がてら覗いてみると、近所のおばさん、おばあちゃんが集まって（やはり、圧倒的に女性が多い）、仏の周りをぐるぐる回りながら念仏を唱えている姿が見え、「信仰は生きているのだな」という強い思いに駆られる。おそらくその心は、家内安全、家族の健康など、ありふれた現世利益の心からしていることだと思われる。その極端なのが、街中にある「城隍廟」だろう。ここは、都市を守る神「城隍神」が祀られていると言うが、何か現世利益に役立ちそうなものはみな祀ってあるといった、雑然とした活気が漂っている。そこで働いている坊さんの姿をした人達も、信仰と関係なく金儲けにしか興味なさそうに、私には見えた。ここに集まっているおばさん、おばあさんたちは、ものすごい生活パワーを感じさせる人達で、念仏の唱え方にも力がはいり圧倒されてしまう。そして法輪功のことが思い浮かんで来て、中国ではうまくやれば強大な新興宗教を作る素地は十分にある、と感じないではいられなかった。それだけに政府も警戒しているのだろう。

　私の好みに合った風景で言えば、何度目かの虎丘に行ったとき、そこの目玉である斜塔の前で、おばさんたちが数人集まって、経本をめくりながら慎ましやかにお経を唱えている姿はよかった。それから天台山に行ったとき、山の上の寺はまだそれほど観光地化されておらず、静まった雰囲気の中で、修行僧と思われる人達が数人静かに行きかっている姿も、他の寺には見られない光景で、よかった。ただ、建て増しの工事らしきものが進行していたから、ここも数年後にはかなり雰囲気が変わってしまうに違いない。

観光大国・中国

　中国の観光化はすさまじいものがある。蘇州は中国人にとっても魅力のある観光地らしい。市内にある拙政園、留園、滄浪亭、獅子林などの庭園は世界遺産と言われているし、ちょっと郊外に行くと、斜塔があるので有名な虎丘という呉王の墓や周庄という古鎮がある。古鎮とは古い昔の家並みをそのまま保存したと言われる観光地である。周庄の場合は、運河沿いに作られた古い店を中心とした家並みが売りになっている。中に沈万三と呼ばれる大富豪の家があり、これがひとつのポイントになっている。この沈さんは貿易であまりに巨万の富を築いたために、明の朱元章に謀反の心ありと見られてしまった、という悲劇があったそうだ。

それぞれの庭園に入るには、当然しかるべき料金を払わなければならないが、この古鎮というひとつの地域に入るのにも、それなりの料金を払わなければならない。日本で言えば浅草の仲見世という地域に入るのに、まず料金を払わなければならない、というわけだ。そういう中でも、観光地・観光スポットはどこも人でいっぱいである。

中国人の旅行ブームは、私が中国で働くようになってからも、急速に伸びているのが実感できた。連休中の汽車の切符を手に入れるのは、すっかり難しくなってしまった。もっともこれにはダフ屋も絡んでいたようで、それがあまりに目に余るということでだろうか、中国では高鉄と言っている新幹線の切符は、身分証がないと買えないことになってしまった。

ところで、蘇州には日本で有名な寒山寺がある。しかしこの寺は、地元の人には、もともとはあまりどうとも思われていない寺だったようだ。それが、唐の詩人・張継の「楓橋夜泊」という漢詩が日本で有名になり、寒山寺詣でが、いつしか日本からの観光客の定番となった。最近では、年越しの除夜の鐘をここで突こうという日本人が増え、わざわざそのためのツアーが組まれ、蘇州市長まで狩り出されるという騒ぎが、恒例化しているよう

私が行った観光地の入場券の一部

だ。そのために莫大な金が、この寺にもたらされたのであろう、小さな寺院だったのが、私が蘇州を去るころには、広い道を挟んで両側の土地に立派な建物がいくつも建てられているのを見て、びっくりしてしまった。中国人は何でも大きいものが好きだ、ひなびたこじんまりした寺では、中国人には人気は出ないのだろう。すっかり他の大きな寺と同じような趣きになってしまった。私などには、以前のちょっとこじんまりした風情のほうがずっとよかったが、これから来る日本人はどう思うだろうか。

中国では、今ちょっと観光地になるようなところは、昔の雰囲気など無視して、どんどん開発している。たとえば、紹興の魯迅の生地である。字を見て分かるように、ここは紹興酒の本場であるが、同時に、大文学者・魯迅の生まれ育った土地でもある。今彼の生家、祖父の生家などがある地域一帯が、そのまま観光地化されている。彼の家がその辺りでいかに富裕であったかということがよく分かるが、その生家の中で、彼とまったく関係ないみやげ物が売られているのにはがっかりさせられたし、「孔乙己《コンイーチー》」の舞台となった居酒屋が、一部雰囲気を残しているとはいえ、すっかり近代的なレストランになり変わっていたのにもがっかりさせられた。

古鎮が商売になるということに、にわかに古鎮を復元することに大童わになる。実際、塩城という町に行ったときであったろうか、まったく何もないところに新しく「古鎮」を作っている作業を見てげんなりしてしまった。それでも作られて何年かすれば、まるで昔からあったように見えるのだろうと思うと同時に、今まで見てきた古鎮も大同小異ではないかと思うようになった。

それから、中国では有名な山に登るのには、入山料というものをとられる、もちろんそんなものがとられない山もあるのであろうが。私が行ったところで言えば、東北の長白山、四川の青城山、峨媚山、安徽省の黄山、これらの有名な山に入るについては、みんな入山料を払わなければならない。それもかなり高額である。長白山は自然保護のため、青城山、峨媚山・黄山は中にある文化財保護のため、というのが建前だろうが、さて実際はどうであろう。

中国の高鉄問題

私は、中国を去る直前にやっと高速鉄道に乗る機会を持った。それは南京を観光する目的のときだった。蘇州から、一番早いのだと、約一時間である。列車の車体は日本の新幹線とほとんど変わらない。内部もほとんど変わらず、その意味では何の異和感もなかった。最初は蘇州大学の朱建明さんと洪濤さんとの三人の旅行だったが、乗り心地は極めてよろしかった。途中でスピードが三一〇キロと表示されたが、揺れはそれほど感じなかった。

日本の新幹線に初めて乗ったときより（もうずいぶん昔のことになってしまって、記憶もあやふやだが）、揺れははるかに少ないと感じた。大きな揺れを感じたのは、対向列車とすれ違ったときぐらいだ。

二度目は、妻と学生との三人で、このときは途中の駅で降りることもあったので、いわば前のが「のぞみ」「ひかり」だとすると、「こだま」に乗ったようなものであった。時間も倍近くかかった。この二回の旅行は、幸い何の事故もなく終わった。ところが、私達が帰国してから間もなく、この高鉄で追突という考えられない大事故が起こった。温州というのは、上海から杭州に向かう途中で、上海をはさんで蘇州とはちょうど反対側に行く列車であるが、中国の距離感から言うと、そんなに遠くの出来事ではない。

その事故もさることながら、事故処理の仕方で、日本では考えられないことが、次々と明らかになり、中国は恐ろしい国だ、という一般人の感情を一段と掻き立てる事態になってしまった。まず、生存者の有無の徹底的な調査もなく、すぐ車両を埋めてしまうというのが異常だ。実際寸前でまだ生きている赤ちゃんが見つかったという。これは四川大地震のときも、かなり早い段階で、学校の瓦礫撤去のためにショベルカーを入れようとして、児童の父母から猛烈な抗議を受けた、ということがあったことを思い出させる。復興を急ぐ傾向は、中国共産党の威信のためにも強いと思われるが、今度の高鉄の場合は、現代中国躍進の象徴としての役割があるので、余計その意識は強かったと思われる。

この高鉄の建設の異常な急ぎようは、いろんなところで現れている。私の直接経験したところで言えば、私の友人が蘇州に遊びに来るというので、迎えに行くことになったのだが、そのまま市内を観光しようという計画で、車をチャーターして迎えに行った。その運転手さんは珍しく日本語も出来る親切な人で、「最近新しい高鉄の駅が出来たので、そこをあらかじめ調べておきました、かなり遠いですよ」と言うのである。こちらは何も分からないので、「じゃあ、よろしく」と出発したのだが、なるほど市内からは私が思っていたより、かなり遠い。やっと着いたところは、周辺に何もないところに、忽然と超現代的な建物が現れる感じの「蘇州北駅」という立派な駅であった。「なるほど、高鉄のためにこんな立派な駅をわざわざつくったのだな」と、感心しながら待っていたけれど、一向に待ち人達は現れない。ふと、在来線の止まる蘇州駅にも高鉄の駅があるのを思い出し、そっちではないか、と尋ねる。しかし、運転手さんは「いや、最近高鉄はこの駅に移ったはずです」と言う。やっと、連絡の取れた相手の話では、自分達はとっくに着いて、ずっと待っていると言う。おかしいと思っていると、相手は、駅名には蘇州の後に園区と書かれていると言う。「蘇州園区」という駅が別にあることは、私も運転手さんも知っていた。彼らは、「蘇州、蘇州」とばかり考えていたので、最初に蘇州と名前が見えたところで降りてしまったのである。それから私達はあわてて、蘇州園区駅に向かった。この駅も周囲に何もない土地に、忽然と超現代的な姿を現していた。待ち合わせ時間からなんと合計二時間も遅れて、私達はやっと会うことが出来た。

この失敗は、もちろん私の情報不足からであったが、そんなに大きくもない蘇州に、高鉄の止まる駅が三つもあるとは。つまり在来線も止まる蘇州駅と高鉄のために新しく作られた蘇州北駅と蘇州園区駅である。その使い分けについて市民には十分知らされないままに、ことはどんどん進められている、ということなのであろう。観光を担っている運転手さんにさえ十分に知られていないというのは、日本では考えにくいことである。後から、北京行きなどの遠距離のときに北駅を使うという情報が入ったが、それも本当かどうか分かったものではない。

この市民との会話なしの強引な進行の、最もひどい事態が先日、日本のテレビで報道された。それは安徽省でのこと、立ち退きを要求されて、それに応じなかったマンションの真上に高鉄の高架を作ってしまい、間もなく試運転をするというのである。このような強引さは、中国では日常茶飯に起きており、長江のダム建設のときの立ち退き拒否者には、その人の住宅の周りの土地をすっかり削り取ってしまい、文字通り陸の孤島にしてしまった、というのである。中国では国のためという名目が立てば、何でもやれる、という典型的な事件のひとつだろう。鉄道は国家の要、それを推進するのに何の文句があるかというのが、鉄道局の姿勢だろう。当然国家の威信がそこにある。しかし、それがあまりに民衆の気持ちと離れすぎている。それが明らかになってくると、国はうまく、一部局の意向というものにすり替えてしまう構造が、今回はっきりと見えてきた。このすり替えが出来なくなったとき、どういうことになるか、大きな問題である。

郵便局のことなど

いろいろ不満の多い中国生活の中で、これは助かると思うのが、郵便局、銀行、病院などの営業時間である。日本では、平日働いているサラリーマンなどが、その利用に大いに困ることが多いのではないか。中国では、郵便局や銀行は土曜もやっている（お役所もやっているかもしれない）。大学を始め、大手の普通の勤めでは、土・日が休日だから、その利用に大変便利である。ただし、そこで働く人々の態度は極めて横柄であることは覚悟しておかねばならない。そこが日本と違うが、庶民にとっては、やってもらえないより、やってもらえる方がありがたい（後の調べで、郵便局は土曜だけでなく日曜もやっているが、役所は原則土・日は休みであることが分かった）。

もちろん中国でも、ＡＴＭは発達している。現に私の蘇州大学の給料は振込みで、銀行のＡＴＭから引き出す形になっていた。もっとも、私が最初にいった延辺大学、二番目の西南科技大学では、事務所から現金で手渡され、受領のサインをした。それも、封筒などに入れられず、現金を剥き出しで手渡されたのには、さすがに最初はびっくりしたが、働いた給料を現金でもらうというのは、私の個人的好みに合った方式だったのでうれしかった。

日本では、人手を省くために考えられた機械が相手なのに、手数料を、それも時間帯によって細かく分けて取るようになっている。いつだったか、中国から帰ったとき、土曜日にお金を預けたら手数料を取られていたのでびっくりした。まさか預け入れからも取られるとは。中国のATMは曜日・時間にかかわらず、手数料はいっさいとらない。そもそも人間の手間を省くために機械を導入したのだから、そこからさらに手数料を取るというのは、私の感覚から言ったら、おかしなことだ。ここは中国のほうがずっと人間的だ。仕方なく土曜日に出し入れしていると、私達庶民の預金につく雀の涙にもならない利子を、はるかに超える手数料がどんどん取られてしまうシステムとは、いったい何なのだろうか。そして、巨額な損失を出したり、失敗すると、政府から援助される日本の銀行はおかしくないか。

ところで、中国の郵便ポストは緑色なのを知っていますか？　私は郵便ポストというものは万国共通に赤色だと思っていましたが、そうではないのですね。世界中のポストの色を調べるのも面白いかもしれない。そもそも日本ではなぜ赤になったのか、私はそれも知らない。中国の緑色は、革命後の第一回全国郵政会議で、平和・青春・繁栄のシンボルとして決められたと聞くが、なんで郵政に青春が入っているのか、おかしい。

小火《ぼや》

蘇州でのある日の昼下がり、学生のテストの採点に飽きて、ぼんやりと三階の部屋から外を眺めていると、正面には大学関係の車を止めておく駐車場があるのだが、その先にある民家の、さらに後ろにあるビルディングの屋上から、もくもくと黒い煙が出ているのが見えた。ふだん煙突から出ている煙とはずいぶん違うどす黒い煙だなあ、と思って見ていたが、ひょっとすると火事ではないか、と気がついた。しかし、私の宿舎の人びとは気がついていないらしく、誰も騒いでいないし、外からも何のざわめきも聞こえてこない。それでも野次馬根性を起こして、外に出てみる。私達の宿舎のあるホテルの正門まで出てみると、十全街の通りを隔てた正面にある小さなビジネスホテルの後ろの部分から煙が上がっており、少数の野次馬がそれを眺めている。ホテルの横が路地になっていて、そこに入ると、かなり近くから眺められた。

私にはだいぶ時間がたってからと思われる頃、消防車が二台駆けつけてきた。一台目の消防車の消防士が、ホースを持って路地に駆け込んでくる。野次馬がかなり邪魔になるが、文句も言わず野次馬の間を縫っていく。十全街のわきが運河であるからそこから水をとっているのかと思ったが、見ると、ちゃんと消火栓が十全街の歩道にはあって、そこから水をとっていた。

驚いたのは、何の規制もしないから、道路の片側は消防車でふさがっているが、片側は普段と同じように車や電動車や自転車、人間がホースを踏んづけながら通っていく。ホースから勢いよく水が噴きかけられると、あっけなく煙は収まっていく。この段階になってやっと野次馬払いの人が現れた。なるほど、石煉瓦作りの家は火事に強いな、と思った。日本の木造建築であったら、あれほどの黒煙を上げていたら、消すのにかなり手間取っただろうと思う。間もなくあたりは日常と変わらぬ風景となった。火元はホテルの客室部分であったらしく、間もなく玄関が閉じられ営業停止と同時に、内装の手入れが行われる様子であった。中はかなり広く煙でやられたのではないかと思う。

小火で終わったとはいえ、消火活動を特段の道路規制もせずやっているのを、日本人の私は唖然と眺めていた。

中国の病院１

言葉の通じない外国で病気になることほど、心細いことはない。出来るだけ健康に気をつけざるを得ない。それでも病気はやってくる。

延吉にいた三年間で、体重は食物のせいか一〇キロ近く減ったが、病気らしい病気になったのは一度だけである（体重は、蘇州生活の間に元に戻ってしまった）。妻が先に日本に帰ってしまった後だった。風邪だろう、かなりの高熱が出た。幸い授業のない金曜日であった。私は日本から持ってきた風邪薬を飲んで、ひたすら寝ることにした。熱のあった金曜、土曜は、自分でもこんなに寝られるものかと思うほど、眠り続けられた。三日目の日曜日にはかなり熱が下がった感じだったが、無理にも寝続けた。この間、食事はバナナと牛乳中心だった。この作戦が成功したのか、四日目の月曜日には授業にいけるほど回復して、大過なくやり過ごすことが出来た。人間寝て英気を養うのがいかに大切か実感した。

そもそも中国では風邪というか、体調が悪いというと、すぐ点滴をするようである。延辺大学時代には、授業を休んでいる学生のことを聞くと、「今病院に行って点滴をしてもらっています」という答えがよく返ってきた。また宿舎の隣が病院であったから、ときどき点滴の器具を引きずったり、友達に液の入ったビンを持ってもらって歩いている姿を見かけ、日本では見なれない風景に驚いたものである。

日本から持ってきた薬と言ったが、これも結構大事なことのようだ。中国の薬はおおむね強いものが多いようで、もちろん個人にもよるが、体に合わないことがある。私が知ったところでは、同僚の先生が腿の張りに中国のシップ薬を張ったら、すっかりかぶれてしまい、その治療のほうが大変だった、とぼやいていた。

蘇州に来てからのことで言えば、教えていた院生の一人が日本に留学するというので、送別の食事会をすることにした。その学生が東北出身の子だというので、近くの小さな韓国料理屋に入った。私も久しぶりの韓国料理で、キムチがうまく、せっせと食べた。その夜中、腹部に猛烈な痛みが走り、這うようにしてトイレに入った。下痢でこれは食中りだと分かったが、とにかく痛みをこらえるのに冷や汗が出るほどだった。日本から持ってきた胃腸薬を大目に呑んで、ひたすら時間のたつのを待つ。明け方になって、痛みが和らいできた。下痢も出し尽くした感じになって、幸いその日の授業は宿舎に近い本部校舎だったので、そろそろと歩いて行き、何とか授業をこなし、宿舎に帰って、またひっくり返っていた。

しかし、夕方になっても不安が取れないので、主任に電話で状態を知らせると、「それはすぐ病院に行ってもらわなければ困る」ということで、洪さんが迎えに来てくれた。彼に連れられて、蘇州大学付属第一病院に行った。この辺りでは一番大きく、技術も高いということであった。すでに夕方五時ごろであったが、まだ外来のところにかなりの人がいた。まず受付で、病歴カードというものを作ってもらい、それを持って担当医師のところに行く。このときはすでに時間外で、急患係の先生しかいないということであったが、とにかく血液と便の検査をしなさいということになった。しかし便はすでに出尽くした後で、苦労してわずかな血便が取れただけだった。三、四〇分ぐらいで結果が出、それを持って再び医者のもとに行き、判断を仰ぎ、薬を貰うとともに、点滴を受けることになった。別棟に点滴室があって、そこにはたくさんの人が看護師さんの指示で点滴を受けていた。私は生まれて初めて点滴なるものを受けた。一時間もすると気分がだいぶよくなってきた。七時ごろから始まって終わったのは、夜中の一二時に近かったと思う。その間、洪さんと主任の朱さんがずっとついていてくれ、帰りは朱さんの車で送ってもらった。この間、点滴室はずっと満員状態で、患者が気軽にどんどん来ていた。

翌日、もう一度専門の医者に診てもらおうということで、診察に行く。その医者の指示で新しい薬を出してもらったが、点滴の指示はなかった。洪さんは、「この先生は良心的だ。普通は金儲けのために、すぐ点滴を指示するのに、この先生はしない」と言ったが、私は昨日の点滴が気持ちよかったので、もう一度受けたい気持ちもあった。確かに貰った薬の値段が二、三〇元だったのに対し、点滴は一五〇元ぐらいだった。このときの病気は、これで何とか治った。主任から、「蘇州でキムチなんか食べないでくれ」と厳しく注意された。

太極拳を習い始めてから、しばらくしてひざが痛くなった。これを治してもらおうと、大学の中にある病院の鍼灸科の先生のところに連れて行ってもらった。このとき、先日作った病歴カードがそのまま通用した。日本のカルテに当たるものだそうだが、中国ではそれを患者個人が所持管理することになっているのである。これは患者の既往症がすべて分かるのだから、医者が正しく有効な使い方をすれば、とてもよいシステムではないか、と私は思った。この学内の病院は、先の第一病院とは違って患者さんが少なく閑散としていた。教授会などがあると見てもらえないということであったが、幸い担当の女医さんはいた。刺した鍼の先端で灸を燃やす方式の治療法であったが、女医さんが「熱くなったか」と聞くのだが、「一向に熱くならない」と答えると、「あなたはかなり鈍感だ」と笑われた。そのせいか、何回も通ったが、期待したような効果はあがらなかった。

三回目の病院行きは、最後の学期となる三月半ば頃であった。背中を中心に湿疹状のぶつぶつが出来、痒くてたまらなくなった。また、例の病歴カードを持って、第一病院に連れて行ってもらった。女医さんは私の背中をチラッと見ただけで、年寄りがよくなる乾燥肌で、「今の季節多いのよ」と言うだけだった。しかし、貰った薬をつけても一向に治らないどころか、だんだん広がってきた。また行くと、前とは違う女医さんの見立てで（このときは血液検査をした）、これは過酸素細胞が血液中に異常に増えた結果の血液の病気であると言われ、「連続七回の注射をしましょう。そうすれば治るでしょう。しかし、最初はこの注射をすると、夜かなりの高熱が出ます。あまり熱が高くなるようなら、座薬を入れて下げてください」と座薬も出される。

日本と違って、注射液も他の薬と同じように、薬局部から七回分のものが出される。それを持って、注射室に行って、そこの看護婦さんに注射してもらうシステムになっている。残りの注射液は、冷蔵庫に入れて自分で管理するのである。夜になると、確かに三九度ぐらいまで熱が出た。しかし私は割りに熱には強いほうなので、座薬は使わずにすませた。一週間、毎日第一病院に通って、注射を続けたが一向によくなる気配はない。痒くて、ずっと安眠できなかった。

五月になって別の医者を紹介してもらった。洪さんが以前同じような症状が出たときに治してくれた医者だという。町の小さな病院だったが、そこの医者は第一病院の皮膚科の元主任で、定年でこちらの病院に移ったという小柄な男の先生だった。この先生の話では、過酸素細胞が多いのは結果であって原因ではないのだから、その治療ではだめだということで、点滴をすることになった。原因は、風呂の入りすぎ。だから、風呂は毎日は入らずに、入った場合も長湯、石鹸の使用は絶対にだめだ、という。このときの点滴は小一時間で終わったが、しばらく痒みで寝不足になっていたので、その間ぐっすり寝てしまった。

後二回分の点滴液をもらって、この病院は不便なところだったので、後の分は大学の中の例ののんびりした病院でやってもらった。これは効いたように思う。痒みがだいぶ取れた。しかし、結局帰国するまで決定的には痒みは取れなかった。日本の病院で貰った塗り薬でやっと痒みから開放されたのである。

妻は四川省の綿陽にいるとき、歯の詰め物が取れてしまい、応急処置に学生に歯医者へ連れて行ってもらった。この地方では一番よい歯医者だと学生は言ったが、彼女はもう二度と中国の歯医者には行きたくない、という。なぜなら、医者は治療にかかるときに、あちこち触っていた手を消毒もしないし、治療を終わってからうがいもさせてくれなかった、と言うのである。

中国の病院2

もう少し中国の病院のことを書いておこう。まず受付で病歴カードなるものを作ってもらうことは前に述べた。そこで症状にあわせて、担当医のところに行くのだが、診察、検査（血液・尿など必要に応じて）、治療、薬の各段階で、それぞれお金は前払いになっている。つまり次の段階に行く前に必ず会計に行くのである。そして、担当の医者の部屋に行くと、人が群がっているが、医者の前にある机に自分の病歴カードを置いて、順番が来るのを待つ。したがって診療を受けている人の周りには、後の順番を待っている人びとが取り囲む状態になる。私の行った皮膚科では、大方は着の身着のままの問診で済ましていたが、背中の痒かった私が上半身裸になるとき、周りには見ている人達がたくさんいた。内科や女性の場合どうなるのだろう。たぶん、その必要があるときは近くのカーテンか何かの陰で診《み》るのだろう。いずれにせよ、日本のように一人ひとり呼ばれてから、部屋に入っていくのではなかったので、びっくりした。

延辺大学にいるとき、教え子が交通事故で入院したことがあった。市の中心にある大きな病院であったが、彼女の病室に行くために歩いていく廊下には、簡易ベットに寝かされた患者が何人もいた。幸い彼女は病室に寝かされていたが、三〇人ほどのベットが置かれた、まさに大部屋であった。映画で見た野戦病院を思い出してしまった。彼女の話では中国の病院は、食事などは自分で調達しなければならないのだと言う。幸い彼女の場合、おばさんが市内に住んでいて、面倒を見てくれたが、そういう人のいないときは大変だ。これは聞いた話だが、日本人留学生で入院した人があって、夕方の食事時間になっても、待てど暮らせど食事が出ないので困りはてた。結局、翌日友達が見舞いに来るまで食べ物を口にすることが出来なかった、というのである。

私には入院経験はないので、その辺は分からないが、蘇州大学で同僚になった先生が入院騒ぎになったことがあった。軽い心筋梗塞的な症状であった。このときは、主任の計らいで、九龍病院に入った。この病院は、蘇州で最も進んだ医療機器が入っている台湾系資本の病院だと聞いた。彼の場合、金銭的に困らない身分の人だったから、入った部屋もゆったりした個室で、ここなら私もしばらく入りたいぐらいだと、冗談が言えるようなところだった。幸い、病状はそんなに心配するものではない、ということで、みんなホッとしたのだが、ここでは毎日、看護師さんの言うかなりの額を前払いし、とりすぎた場合、後から清算して払い戻してくれるというシステムだったと聞く。

私と中国2　捕捉不能

中国で生活してみて、この国は本当に社会主義国なのだろうかと思った。中国では「特色のある社会主義」と言っているようだが、それは「特色ある資本主義」と言い換えてもいいのではないだろうか。実質的に共産党の一党独裁であること、土地が国有であることを除けば、そのありようは資本主義国家とほとんど変わらない。日常生活で、社会主義を感じさせられるものは何もないと言っても、過言ではない。

一党独裁については、大学生をはじめとしたインテリの中でも、この強大な国家を支配していくには、必要悪として認めざるを得ないという考え方が、かなり強くあるように思う。

それにしても、現在の中国の姿はあまりにも私達資本主義の世界に酷似しすぎているのではないか。私は、前にも書いたように、文化大革命について、不明にも、当初観念的に共感し、その支持を表明したものである。その慚愧の念は今も消えない。中国で生活するに当たっては、その文化大革命に共鳴し大いに推進する側に立った人とも会いたいものだ、そして、そのときどういう気持ちでその運動に参加し、今その自分をどう思っているのか、聞きたいものだ、と思っていた。しかし、その思いは達せられなかった。文革でひどい目にあったという話は、いくつか聞かされた。しかし、そういう人を含めて、現在の中国人には、かつての文革推進派の人を糾弾しようという姿勢はまったく見られない。あれはもう終わったことなのだ、いまさら糾弾しても始まらない、というのが現実主義の中国人の基本的な姿勢なのだろうか。三〇年以上たったとはいえ、そのとき二〇代の青年は、今まだ五〇代の現役でいるはずである。また、当時目指したものとはあまりにも違う今日の社会について、もちろん当時とは同じではないだろうが、異論を持つ人の存在が少しは目に付いてもおかしくないと思うのだが。あれは過去の間違いだったのだ、で終わりにしてしまう精神構造は、私にはよく分からない。

かつて武田泰淳氏や堀田善衞氏が描いた、戦中戦後のおどろおどろしい上海から、革命中国になって社会は一変した。そして道徳的にすばらしい面も作り出した。例えば文革時代に中国旅行をした高橋和巳さんに「新しい長城」という文章がある。高橋さんも文革の理念に共鳴した一人であるが、この文章を読むと、当時の一部の中国研究者らの無条件礼讃の文章とは違って、さすがに作家として、実際に目にしたことから、疑問視すべきことは疑問視している。その中に次のような一文がある。「記念バッジ一つといえども、言葉以外の返礼は受けとらない。食堂で食べ残したものを紙に包んで追っかけてき、カメラのフィルムを入れていた小さな空缶すらうかつに棄てると、追っかけてきてかえしてくれる。七億の民をわずかの期間に、誇り高く、誠実な人に鍛えあげた、その道徳こそが、何よりも感動的であった。」さらに、前出の林京子さんの文革直後の文章の中にさえも、「一応トランクに鍵をかけ、私のような布製の袋にはバンドをかける。だがその必要は全くない。袋の口をあけたまま預けても、ヘヤピン一本なくならないで、私たちの手元に届けられるだろう。」とある。しかし、今日の拝金至上主義の中国では、逆に、こんな話は信じられないほど、あっけなく物はなくなる。この一時獲得された誇るべき道徳は、一体どこに行ってしまったのか。人間の心の変化の速さは驚くばかりである。

もうひとつ、共産党の歴史では、日中を問わず、それまで共に戦ってきた同志を、裏切り者であると規定・発表したとたん、あたかもその人間は、ともに活動をしていた、ずっと昔からそういう人間だったかのように宣伝する。たとえば、林彪のように。この精神構造も、私には納得いかないものだ。

余談であるが、林彪が逃亡する直前にいたという場所が、蘇州にある。我々の宿舎から徒歩一〇分ぐらいの所にある「南園賓館」という一流ホテルの中にあるのだが、ここの七号楼はもともと蒋介石の別荘で、「蒋公館」と呼ばれ、次男坊の蒋緯国がその青春時代を過ごしたという。その一角に、林彪が逃亡に使用したという自動車とそのガレージの奥に、秘密の長い地下道がある。中国では珍しく、ホテルに来た客は気軽に見られるようになっている。その薄暗い地下道を歩きながら、林彪はここで何を考え、自らの人生をどう総括していたのだろう、と思わないではいられなかった。

このように、私にとっていくつもの不可解なものが中国の社会には横たわっている。それは私の七年にわたる中国生活の中でも捕捉不能のまま残り続けている。

蘇州大学の西門。このほかに、北門·東門·南門があり、キャンパスの中には前身の東呉大学時代の門も残されている。

第三章 中国の大学を体感する

私の行った大学

中国が大きいように、中国の大学もでかい。初めて見た大学は、武漢大学だった。私が中国の大学に行く最初のきっかけを作ってくださった李正洙先生の母校である。先生主催の中国講座の仲間達数人と三峡下りのツアー旅行をしたとき、見学に寄ったのである。九月の新学期で、ちょうど新入生の軍事訓練がされている季節だったが、その敷地の広いのにびっくりした。ツアーの限られた時間では、とても全体を見ることは出来ず、グラウンドと先生が寄宿していた寮や図書館をちょっと覗かせてもらっただけであった。

それから数年後、李先生の勤めている延辺大学に呼んでいただいた。ここも私の知っている日本の大学の敷地に比べると広かったが、そんな広大なものではなかった。ただ後ろに小高い山があって、登ると間もなくリンゴナシ畑になるのだが、そこのどの部分までが大学のものか良く分からなかった。私達夫婦は良くそのリンゴナシ畑の奥のほうまで散歩し、隣村まで行った。学生達を連れて行くと、「こんなところがあるなんて知らなかった」と、喜んだものである。

二番目に行った四川省の綿陽にある西南科技大学は、もともとは土木関係の専門学校であったのを拡大し、総合大学にしたものであった。だから、古い専門学校時代の敷地と、新しく広げた敷地とがあって、その中間に龍の背中のようだというので龍山と呼ばれる丘がなだらかに寝そべっていた。古い敷地側の丘の中腹にある宿舎に入っていた私は、新しい敷地にある校舎に行くために、その丘を越えていく形になった。この二つの敷地をつなぐのに小さな面包車《ミエンバオチャー》と呼ばれるワゴン車があり、乗客が七人の座席にいっぱいになると、随時出発するシステムになっていたのだが、言葉が通じないうえに、運転手の多くが態度不良で不愉快なことが多かったので、私はあまり利用せずほとんど歩いた。宿舎から教室までは三〇分弱かかったろうか。

最後に勤めた蘇州大学も、東呉大学と呼ばれていた時代の古い敷地と、拡大して手に入れた新区（東校区と呼ばれている）があり、この二つの敷地を結ぶ陸橋の下には、古い市街地を囲む大きな運河・外城河とそれに平行した一般道路があった。つまり、蘇州大学は、一方は古い蘇州の町・姑蘇の中にあり、一方はその外にあるということである。今、蘇州はこの運河に囲まれた姑蘇と呼ばれる地区の外側が、急速に発展している。西側は新区と呼ばれ、韓国資本や日本資本が中心で比較的早く開発された地区である。それに対して東側は、シンガポール資本によって、後から開発された地区で、園区と呼ばれ、新区よりも広い道路で計画的に区画された超現代的な都市として、今人気が高くどんどん発展している。

ところで、蘇州大学はそれだけに飽き足らず、郊外にある専門学校なども吸収していた。ひとつは文正学院と言い、本部キャンパスから大学のスクールバスで三〇分弱ぐらいのところにあり、もうひとつは、同じくスクールバスで小一時間かかる周庄というところにある応用技術学院であるが、それぞれ冠に蘇州大学と謳って、蘇州大学の一員という形をとっている。このスクールバスに乗るのに、宿舎から東門まで三〇分近く歩かなければならない。

さらに、本部校は、先ほど言った陸橋で結ばれた土地以外に、本部に程近い北側に北校区、周庄に行く途中に独墅湖校区と呼ばれる飛び地を持っている。この独墅湖校区と呼ばれる敷地は、比較的最近手に入れたもので、ここだけで十分ひとつの大学の広さを持っている。学生と大学関係者、全部合わせると、現在四万人以上いるのではないか。

こんなに手を広げてしまったために今言われていることは二つある。ひとつは「これらの拡大のために多額の借金をしているので、教師の皆さんの給料を上げることはできない」ということ。もうひとつは、この拡大のため蘇州大学の学力水準がかなり下がっているのではないか、ということだ。そもそも入学試験は、本部と先ほど言った文正学院・応用技術学院とは別枠になっている。統一試験の合格点数では、総合点で本部の学生と一〇〇点近い差があると言われている。だから、本部学生は他の学院の学生と一緒にされるのを嫌がる。確かに、授業をしていて、本部の学生と二つの学院の学生との間には相当の学力差があることが分かる。問題なのは、その本部学生の学力が年々上がるのではなく下がっているのではないか、という懸念があることだ。

大学の直前主義

日本の大学と中国の大学のもっとも大きな違いは、日本でも今はだいぶ違ってきているようだが、曲りなりにも学長を中心とした教える側の教授会が大学運営に強い力を持っていることである。それに対して、中国では最高権限は各大学にある共産党委員会にあって、学長もその指導の下にあり、教える側の権限はきわめて小さいことである。一九八〇年代に、大学の自治権を拡大するという動きがあったようだが、八九年の天安門事件によって、その流れは完全につぶされてしまったようだ。

中国の大学で働いていると、とにかく事務方の力が強い。先生の方が事務員に気を遣っている姿を良く見かけた。いろいろの行事の決定や業務上の割り振りなどについては、先生方はほとんど事務方の決定に従うだけだ。「事務方が言うのだから仕方がない」とか「事務方のほうがえらいですから」という言葉を何回聞いたことか。

中国の大学では（私は一般企業のことを知らない）、あらゆることが直前にならないと決まらない。延辺大学に初めて赴任したとき、先任の日本人教師が「中国はともかくなんでも直前主義ですから」と言い残していってくれた。まことに至言だった。日本では大学案内にかなり正確な年間予定表というのが載っているのが普通であろう。入学式、卒業式はもちろんのこと、年間の休日、行事、試験日もきちんと載っているものが多い。中国の大学では、経験則から大体そこら辺というだけで、正確には直前にならないと分からない。たまたま書いてあるものがあっても、信用は出来ない。たとえば、中国は数年前まで、春節の休み以外に、大きな休みは二回に集中されていた。五月の労働節と一〇月の国慶節である。大体振り替え休日を入れて一週間以上の休みになる。これが、二〇〇八年から、清明節とか端午節といった伝統的な節句を重んじ、休日にするという政府の決定で、ばらばらになった。それぞれ振り替えを作って連休にする場合があるのだが、それがどうなるのか、なかなか現場に伝わってこない。そもそも事務連絡というものが組織的に出来ていない。特に、私達外教と言われる存在に対しては。

初めのころ驚いたのは、卒業生が間近くなっても自分達の卒業式がいつなのかはっきりとは知らないことであった。日本では考えられない。しかし、これはどの大学もそうだった。延辺大学にいるときのことである、「今日は何時から始まるのだ」と聞くと、学生は「九時ごろでしょう」という。九時ごろ講堂に行ってみると、まだ会場の飾り付けをしているところだった。それでも、延辺大学で出席した卒業式は、国歌などが流され、なかなか荘重な卒業式であった。蘇州大学の卒業式には「出席してください」とも言われなかったのはもちろん、いつやられるのかさえ知らされないまま終わってしまった。だから、中国の大学の卒業式の実態は知らない、というのが本当のところだ。こういうことから考えると、学生も先生も卒業は重視するが、卒業式はあまり重視していない気がする。しかし、卒業生の集合写真と貸衣装屋から借りた「学士服」というのであろうか、黒いガウンをまとっての記念撮影は、キャンパスのあちこちで見られ、まことに盛んであった。

さて、私が出席した延辺大学の卒業式で、優秀学生が表彰された。私が作文指導した学生がそのなかに一人はいっていて、「良かった、良かった、おめでとう」などと言っていたのだが、午後遅くになって、彼女が泣きべそをかきながらやってきて、「事務の人が卒業証明を出してくれません」と言う。この日、卒業できる学生はみんな卒業証と学位証をもらうのである。中国では、卒業証と学位証の二本立てになっているのが面白い。つまり、実際には見たことがないけれど、理論的には学位証なしの卒業生がありうるというわけだ。ところで、彼女の場合、卒業式で優秀学生として表彰された学生である、証明証が出ないはずがない。「とにかく、主任の先生のところに行こう」と主任室へ向かった。幸いすぐ主任を捕まえることが出来て、事情を話すと、「分かった。すぐ対応する」ということで、無事落着した。しかし、なぜその事務員が、彼女が何度催促しても証明証を出し渋ったのか、その原因は教えてもらえなかった。彼女の親はなかなかの金持ちで気前がいいという評判であった、という辺りに、そのヒントがあるのかなどと、下司の勘繰りをしたくなる事件であった。

もうひとつ、日本の大学との大きな違いは、学生達は全員寮生活が原則である、ということだ。八人部屋、六人部屋、院生になって二人部屋というところが多いようだ。最近はこれがかなり崩れてきていて、特に上級生になると、やはり寮の窮屈な生活からは逃げ出したい、というのが多くなっているようだ。そのほとんどが、アルバイトでまかなっているにせよ、それだけ中国の学生がアルバイトのチャンスも増え、豊かになったことは確かであろう。

武漢大学を見学して以来、中国の学生は日本の学生に比べ、じつによく熱心に図書館を利用している、と私は思っていた。しかし、彼らが熱心に図書館に行く最も大きな理由は、彼らの寮に勉強環境がない、ということであって、勉強しようと思えば、図書館や自習室に行くしかないのである。これは、私が思っていたような、図書館本来の利用の仕方とは関係ないものであることが分かった。

寮の管理は、なかなか厳しいようだ。私は行ったことがないが、蘇州大学で同僚になった日本人教師の話では各棟に管理人がいて、学生の出入りをチェックしているという。だから、彼らはそんなに自由な出入りが出来るわけがない、日本の学生のような自由意志でデモに参加するなどということは考えられない、という。そもそも学生の集団行動は、共産党委員会の指導の下にある学生会が指示するのだから、中国の学生の反日デモはすべて官製デモと言ってよいだろう、というのが彼の意見である。

はじめに紹介した加藤さんは、その本の中でこう言い切っている。「一〇〇パーセントの自信をもって断言するが、少なくとも二〇〇〇年代の中国国内において、政府が主導する形での『官製デモ』が実施されたことなど一度としてない。これについては、僕が中国共産党内のしかるべき複数の人間から明確な言質を取っている。」彼のこの発言を読んで、まず「官製デモ」の捉え方がちょっと違うかな、という気がする。確かに「政府が主導する」などという拙劣な形のものはないだろう。しかし、学生会の呼びかけとか指令、あるいはもっと正体不明の形での「官製」的工作がない、とは言い切れまい。それから、政治家は中国人ならずとも「明確な言質」を簡単にひっくり返すものであるから、あまり一途に信じ切らないほうがよいのでは、という気がする。

高校的なありよう

私が所属したのは、それぞれの大学の外国語学院日本語系（日本風に言えば、外国語学部日本語学科）である。私が見聞した大学のありようは、みんなここに限られるので、もっと広い視点から見たら、ずいぶん違うことが少なくないと思う。

日本語学科のクラスは、延辺大学と蘇州大学では一学年が二クラス、後発の西南科技大学では一クラスであった。もっとも蘇州大学では、本部の外国語学院のほかに、前に言った文正学院、周荘にある応用技術学院の日本語学科がそれぞれ別に二クラスあった。学生の数は延辺大学が一クラス二五人で、そのうち男子は五人ぐらい、西南科技大学では一クラス四〇人近く、男子は一〇人ぐらい。蘇州大学では本部が一クラス二五人ぐらい、他の学院は三五人前後で、男子はどこも五人以内という圧倒的少数者だ。大まかに言って、どこも男子の出来はよくなかったが、西南科技大学の男子学生だけは、数も比較的多く、女性に負けずにがんばっていたと記憶する。語学教育ということで言えば、やはり二〇人ぐらいがいいところで、三〇人を超えるとかなり無理が出てくるのではないか。私は語学的な科目ではなく、作文、日本概況、日本文化史、古文などいろいろ受け持ったが、蘇州大学での後の二年間は日本文学史専門になった。担当教科がどのように決められるのか、その実態を知ることはできなかったが、基本的には何が割り振られるのか分からないのだから、何でも屋のスタンスでいなければならない。

中国の大学には選択科目がほとんどない。基本的に大学側が作ったカリキュラムをほとんどそのまま受講するのが原則だ。日本語の専門科目のほかに、英語を学ぶのは、今の中国では大事なことになっている。しかし、日本語学科の学生は、時間数も極端に少ないし、どうしても他と比べて、英語の勉強はおろそかになり、おおむね英語は苦手という学生が多かった。教養科目としてあるのが、マルクス主義理論、毛沢東理論、鄧小平理論、軍事理論などで、これが日本と大きく違うところである。

もうひとつ、入学時に軍事教練というのがある。私は、これは新中国成立以来の伝統かと思っていたが、例の天安門事件以後に学生へのてこ入れとして始められたことだと聞いて、びっくりした。実施のありようは大学によってちょっと違うようだ。延辺大学では、新学期直前の八月に約一ヶ月行われていた。だから、八月は夏休みで日本に帰っていた私には、その訓練を実際に見る機会はなかった。他の大学では九月に入ってからだったので(西南科技大学は一ヶ月、蘇州大学は一ヶ月もなく二、三週間ほどだった)、キャンパス内で行われている訓練風景を見ることが出来た。その多くは、集団での歩行訓練で、リーダーの命令一下、整列・行進を繰り返す。西南科技大学の学生のまじめさに比べ、蘇州大学の学生の気合の入らなさが目立った。最後に、射撃訓練があるというので、私も一度撃たしてもらいたいなあ、と思ったが、さすがに言い出せなかった。

大学のカリキュラムは、半年毎にがらりと組み替えられる。最初そういう説明がなかったので、日本の大学と同じように、受け持った科目は当然年間を通してやるものと思っていたところ、学期の終わり近くになって、突然「来期は違う科目の担当になります」と言われてびっくりした。一年のつもりでやってきたものを半年で切り上げねばならない、最後につじつまを合わせるのに冷や汗をかいたものである。こういう基本的なことについても、どこの大学もきちんとした説明をしてくれたことがない。

授業の始まりは、日本の大学では、今はそうでもないようだが、私の時代は定刻よりだいぶ遅くなるのが当たり前だった。しかし、中国の先生達は大体ベルのなる前に教室に向かう。私はベルが鳴ってから控え室を出たけれど、他の日本人先生も中国人先生に見習って時間前に行くことが多かったようだ。聞いたところでは、大学の管理者からのチェックがあって、遅刻とみなされると、給料から差し引かれることがあるからだ、と聞いた。

授業の開始時に、「先生、おはようございます」という挨拶がある。終了時には「先生、ありがとうございました」の挨拶が、これはあるところとないところがあった。自分の大学時代には考えられないことである。それから出席をとる。これも私は初め大学では考えられないことと、やらなかったのだが、他の先生との関係や、成績評価に平常点という項目があり、そのために出席をとるようになった。中国人の学生の名前を全部読みこなすのは結構大変だった。まず簡体字を繁体字に直し、漢和辞典で日本語での読み方を確認。しかし、広漢和辞典にもない漢字もあって、読み方でもめたこともあった。もちろん期末テストに重点があり、学期の終わりにすべてを報告するのだが、中間テスト・平常点には全体の三割ぐらいが振り分けられ、期末テストには七割ぐらいが割り当てられる、というのが標準的なことになっていた。

クラスには、班長とか、学習委員というのがあって、もろもろの点で高校的だった。班長は大学側からの通達などをするのが主な役割だったと思うが、突然の休校が事前に分かったときなど、連絡網を使って携帯でみんなに伝えるようなこともしていた。

中国の大学では何事も、本当に驚くほど、直前にならないとはっきりしないことが多かった。スピーチコンテストとかの行事はもちろん、試験の日程や実施教室の決定すらそうだったから、結構班長さんの伝達役としての役割は多かったのではないかと思う。

そういう状態だったから、教師の飲み会のような行事は本当に直前にならないと知らせてこなかった。ひどいときは当日の昼に連絡が入ることもあった。もっとも、日本人のそういう集まりのように、全員参加が別に建前にもなっていないらしく、来られない人はそれでよい、というわけで、女性の教師などはほとんどが家庭優先で、どの大学も参加する先生は少なかった。

教育局の査察

私が延辺大学に行くことになったのは、二〇〇四年の九月だった。次の年ぐらいだったか、中国の教育局の査察が延辺大学に入るということで、大学は大騒ぎになった。数年前からのさまざまな書類の見直しチェックが行われたが、その中にはなぜか過去に行われたテスト用紙の見直しもあった。教育局というのはそんなところまで見るのかと不思議だったが、とにかく教育局からの指示通りになっているかどうか、総点検するというわけだ。

このような大騒ぎは、綿陽の西南科技大学でもあった。査察官が来るという、数日前から、まず私達教師は学校のバッジをきちんと襟に付けるように、とバッジが配られた。学生達には、毎朝六時から、朝の集団体操をするように、との達しが出たという。なぜ、このような大騒ぎになるかというと、教育局の役人から高い評価が得られれば、たくさんの予算をおろしてもらえるということなのだ。特に延辺大学の場合、中国全体で一〇〇校ぐらいが選ばれる「二一一工程」重点大学の中に入れてもらえるかどうかで、国家からの扱いがまったく異なるということで、学校挙げて必死という感じだった。その結果かどうか、延辺大学はめでたくこの重点大学の中に数えられている。西南科技大学は残念ながらそこまでの評価は得られていない。それでも査察官達を、綿陽で一番良いホテルに逗留させ、毎晩大学の幹部による接待が行われていると、学生達まで知っていた。蘇州大学の場合は、重点校の上位に入っている実績があるからか、そんなばたばたした様子を見たことはないが、本質的には変わらないと思う。

私は中国の大学はみな国立なのかと思っていたが、そうではなく、省立・市立などが多いのだそうである。国立大学は、北京大学・復旦大学を始めとした何校かの有名校に限られていて、蘇州のある江蘇省では、南京大学だけが国立で、あとは省立・市立だそうだ。ちなみに蘇州大学は省立、延辺大学は延辺朝鮮自治州の州立だという。西南科技大学については知らないままで終わってしまった。いわゆる私立大学は、最近の経済発展につれて北京や上海の大都市に現れたばかりで、今のところ公立大学にいけなかった子ども達の受け皿的役割で、まだ日本のような有名校はないようである。

中国の大学入試は統一試験だから、各大学の受験者の成績比較は容易である。したがって、それぞれの大学のレベルも計りやすい。受験者は第一志望から第三志望ぐらいまで書き、自分の第一志望の点数に達しなかった学生は第二志望、第三志望と順番にまわされる。第三志望で日本語科にまわされてきた学生などは、やはり日本語に対する勉強の意欲が低いのは、やむをえないことだったろう。しかしその結果として、形だけの大学生となり、当人にとって不幸なことになる、もちろん高い金を払う親にとっても。

日本語教育の伝統は、朝鮮族の多い延辺大学が一番古く、実績もあった。つぎが蘇州大学。西南科技大学は、私が行った年に初めての卒業生を出す、というほど日本語学科は新しかった。しかし、この西南科技大学の学生が一番素朴で、素直だったたような気がする。当たり前だが、出来る学生はかなりのレベルを持っていて、蘇州大学の先生が思っているほどの差はない、という気がした。

延辺朝鮮自治州には、もちろん多くの朝鮮族がいて、中学校から日本語を教える学校がある特別の地域である（学校教育の基本はもちろん中国語）。しかし、最近は漢族が増え、朝鮮族が五〇％を切って、自治州としての根底が怪しくなってきた、これからどうする、ということが話題になっていると聞いたことがある（延辺大学では外国語学部の八〇％以上が朝鮮族であった）。さらに、英語教育が中国全体の大勢を占めてきたので、中学・高校で、日本語を教えるところがどんどん無くなってきて、それも自治州の特徴を無くすひとつの原因だ、という議論もあると聞いた。延辺大学には、日本語を中学・高校で学んだ学生のクラス（教育班）と、大学に入ってから日本語を学び始める学生のクラス（起点班）の二クラスがあったが、驚いたことに三年生ぐらいになると、起点班のかなりの学生が、教育班の出来ない学生（おおむね男子学生）をかなり追い抜いてしまっていた。長い時間学校で英語を学びながら、ついに身に付けることが出来なかった自分のことを振り返り、中国の語学教育のすごさを感じたものである。徹底した会話重視ということなのであろうか、しかし作文力もなかなか侮れないものがある。私が卒論指導にまわされた学生の一人に芥川龍之介の「羅生門」の分析をした学生があったが、感心させられた。

蘇州大学では、日本人の先生は卒論指導から外れていたので、その実態はよく分からない。しかし大部分が、パソコンからダウンロードした資料の丸写しだったようだ。自分が書いた日本語の部分（たとえば、前書きとか結論とか、文章のつなぎの部分）がめちゃくちゃなので、借用した文献の部分との対比があまりに明らかすぎて、すぐ分かってしまう、ということが話題になっていた。そういえば、私が延辺大学にいたころは、まだ電子辞書を持っている学生などあまり見られず、ちらほら持ち始めたぐらいで、みんな紙の辞書を使っていた。それが今や殆どが電子辞書を持っており、作文などの宿題はそこにある作文例をそのまま引き写してくる学生が多いと、作文担当の教師が嘆いていた。しかしそれも文明の発達がもたらした現実なのだから、一概に悪いとは言えまい。その発達した文明品の教育的使いようを、指導する側がより一層研究しなければならないのだろう。

大学の中身

私の認識では、大学は研究機関としての機能と教育機関としての機能の二つがバランスよくあるべきところと考えてきた。したがって、教師も研究と教育の二面を担っている、と考えていた。しかし、私の行った大学を見る限り、そうではないようだ。いわゆる研究にしっかり取り組んでいる先生を見ることは極めて少ない。外国語学部の特性であろうか、女性の先生がかなりの数いたけれど、彼女達の中に研究への意欲を持っている人は、まず見かけたことがない。(もちろん女の先生に限られたことではないのだけれど)。じゃあ、教育者としてはどうだろうか。これもはなはだ疑わしい。教材研究を熱心にやっている姿も、それについてお互いが切磋琢磨している姿も見たことがない。寄ると触ると、しゃべっている内容は、その雰囲気から察するに、買い物とか、育児についての話で、いわば世間によくある井戸端会議でしかないように見えた。そもそも、各人の研究室というものがない。もっとも、現状ではあっても無駄だろう、と思わないではいられないが。

比較的、研究者的側面が見られたのは延辺大学だ。大学院生の公開論文審査があったり、私がやめる近くになってからだが、これからは、教育局の大学を見る目も厳しくなってくる、我々もそれに対応しなければならない、ということで、月に何回かお互いに研究発表をやろうということになった。しかし、残念ながら若い先生が三、四人発表したところで、発表者が決まらず、延期延期で自然消滅になってしまった記憶がある。現在は、結構熱心に研究発表会などを、夏休みに日本の大学教師を招いてやっているように聞くが、実態は知らない。

教科書の選定についても、ずいぶん疑問が多い。本当に学生の実力にあったものかどうか。私の場合は、蘇州大学に来てからは「日本文学史」だけが担当になったので、そのことで言えば、文学史は日本の東京書籍が出している『日本文学史』を使っていて（ちなみに完全なるコピー本で、無許可使用であろう）、かなり細かく日本人でもここまでは、というものであった。蘇州大学には別に成人教育と呼ばれる、実質は金儲けのために作った、入学試験に落ちた学生を集めたクラスがあって、さすがにこのクラスでは中国の大学出版社が作った、より簡略な文学史の教科書を使っていた。しかし、これがひどい。人名の読み方の誤り、事項の誤り、あやしい日本語表現に事欠かない。大げさに言えば、毎頁誤植あり、という代物なのであるが、それを平気で数年にわたって使っている。一般に中国で作られた出版物は誤植があっても、版を重ねるとき一向に改めないという悪癖がある。延辺大学で使っていた作文の教科書も一〇数版になっていたが、まことに単純な誤植さえ直されていなかった。つまり初版のまま訂正する意思がないのである。出版社に働いていた者として、まことに情けない思いにさせられた。

一度採用した教科書は、欠陥が分かってもめったに変更しない。そこには教科書をめぐる利権があって、役得があるという話は、中国では当たり前のように話されている。そんな欠陥教科書を買わされる学生こそ、いい迷惑である。

恋愛は花盛り、だが……

どうも大学のことになると文句ばかりが多くなってしまうようだ。じゃあ、中国の大学はそんなに暗いのか、と言われると、そうではない。私が初めて中国の大学に勤めるようになってまず驚いたのは、予想していたよりはるかに、学内の恋愛が自由で盛んであることであった。延辺大学には裏山があって、そこへ散歩に行ったりすると、しばしば熱烈に抱き合っている学生と遭遇し、目のやり場に困ったことがあった。それでもキャンパスの中心で、そういう場面に遭うことはなかったように思う。それが、蘇州大学に来ると、キャンパスの中に、通称「恋人たちの広場」と呼ばれる、芝生というより草原《くさはら》があって、放課後や休日にはたくさんのカップルが座り込んでおり、ある者は寝転がったまま抱き合っていたり、男性が両膝の間に女性をすっぽり抱きとっていたり、逆に女性が男性に膝枕してあげて耳かきをしているなど、日本のキャンパスでもこんな光景はあまり見られないのではないかと思う情景が、日常的に繰り広げられている。大体中国人は日本人に比べ他人の目を気にしないほうだから、夢中になったら人前であろうとなんであろうと、予想を超えるラブシーンを展開することも辞さなくなるのだろう。同僚の先生の話では、文正学院などでは（ここが一番おしゃれで金持ちの子が多いと聞く）、朝の授業前や休憩時間に教室の前でキスシーンを展開していると言う。

そういう自由恋愛で、トラブルはないのかと言えば、当然のこと、ある。トラブルというのは、喧嘩という意味ではない。つまり、女子学生の妊娠といった問題である。堕胎ということは、一人っ子政策のおかげか、日本に比べかなり簡単に出来るようだ。延辺大学では寮を出て同棲する学生も結構いた。私と親しくした男子学生の一人もそうだった。彼女を連れて来させて、一緒に飲んだこともあった。彼らは卒業後結婚して、最近男の子が生まれたというられしいニュースがとどいた。しかしこういうケースは極めてまれで、大部分は卒業以前か卒業とともに破局となる。

彼ら自身その運命は予測しているようで、大学時代の恋愛と結婚とは別物と割り切っているようである。むしろ大学時代に一人も恋人がいないなんてかっこ悪いと、見栄から恋愛しているのも少なくないように見かけた。

恋愛についてはどこも自由だが、妊娠とか結婚ということになると、学校によって対応がかなり違うようだ。蘇州大学は近年結婚が認められた、と小耳に挟んだが、確認事項ではない。周荘の応用技術学院の学生の話では、ここは結構厳しく、学生が妊娠したなどということが分かれば、相手の男性も一緒に退学だという。もっともその学生の話では、「誰も仲間のことを大学側にチクったりしませんよ。うまく隠します」ということだった。

作文担当の同僚の先生が、「あなたは恋愛結婚を望みますか、見合い結婚を望みますか」という作文を書かせたら、大部分の学生が見合い結婚を望むと書いてきたので、びっくりした、と報告してくれた。要するに、女子学生は相手の男に相当の経済力を期待しているのだ。そして、結局それが自分達の幸せになることだし、親達の望んでいることなのだから、というのが、彼らの論理だというのである。「日本では、手鍋さげても、という言葉があるのですよ」と説明したら、鼻で笑われてしまったと言う。

ちなみに今、中国の男性に求められている結婚の資格は、最低家を持つことで、場合によっては自動車も、と言われている。自動車は、最近女性のほうで用意するというケースも多くなって来ているようだが、まさに中国版「男はつらいよ」である。若者の安月給で家が持てるはずがないわけで、結局その負担は親にかかってくるのだが。「日本では、若い時は夫婦共稼ぎで、住宅ローンの頭金が出来るまでは、賃貸マンションで暮らすんだよ。それが当たり前だろ」と言っても、やはり、女子学生に「馬鹿みたい」という顔で見られるだけで、ぜんぜん共感を得られなかったと言う。もちろん自分達が仕事を持つことは当然と考えているのに、だ。やれやれ。

学生気質が変わって来ている

蘇州大学で同僚になった宮木謙吉さんが、いつも嘆いていた。「先輩の先生から聞いてきたのとはだいぶ違うじゃないですか」。宮木さんは、個人的なルートで入ってきた私と違って、大阪府教職員組合のOBからなる組織から派遣されてきた先生である。この組織からは毎年二人派遣されて来ており、しかも一年ずつずらして、一人は経験者、一人は新人というように、うまく組み合わせている。宮木さんは、元小学校の先生で、大阪の在日朝鮮人子弟の教育や被差別部落の子弟の教育に打ち込んできた経歴を持つ熱血教師である。

こちらに来てからの学生に対する接し方も、頭の下がることが多い。作文を主に担当しているが、学生の作文を一つ一つ丁寧に添削し、さらに学生を励ます感想文を付ける。それを一〇〇人超える担当学生の分やるのだから、日常のほとんどの時間がこれに費やされるという生活を送っていた。その彼が、先輩の派遣教師から（この組織と蘇州大学との交流の歴史は古く、すでに一〇年を超えている）聞かされてきた話では、学生達は目をきらきらと輝かせて、勉強の意欲に燃え、先生達の教えをよく聞き、面倒もよく見てくれる、ということだったが、彼が現実に出会った学生は、そういう姿の学生とは大部違っているというのだ。

実は、中国に来た初めのころ、私も彼と同じような感想を持った時期があった。私の場合、先輩教師の話というのではなく、いろいろ読んだ本のなかから、いつの間にか植え込まれた学生像であったけれど。先生の話を身を乗り出すように聞き、次々と質問をするまじめな学生達、というのが、中国に行く前までの中国の学生像であった。しかし、初めて行った延辺大学の学生達は、まじめに話を聞いてはくれたが、特に積極的に質問してくるということもなく、拍子抜けしたのである。来る前に非常勤で行っていた日本の大学生と特段変わったところはない、というのが私の感想で、蘇州大学に来たときは、時代と場所柄からか、かなり擦《す》れた感じの学生が多く、ますます日本の学生と変わらぬ、という印象が強くなっていた。私語ばかりしている学生もいるし、下を向いて携帯メールを打つ学生もいる。ただ私は宮木さんと違って、相手は大学生なのだから、勉強するしないは自己責任である、という考え方であったから、あまりそういうことでは悩まなかった。いわば、私達教師の役割は、馬を川辺へ連れて行くことで、水を飲むか飲まぬかは彼らの意思である、という考えである。そういう私から見ていると、宮木さんの働きぶりは大変なご苦労で、体がもつのだろうかと心配になることさえあって、ときどき彼の息抜きのお相手にお茶したり、酒を飲んでの駄弁りに付き合った。

中国の学生の気質は、確かにかなり変わってきているのではないかと思う。そう遠くない数年前までは、大学生と言えば、エリート中のエリートであったろうし、彼達を大学に送る親達の必死の思いを身にしみて感じていたものであろう。今でもそういう学生達は多い。特に農村部からやってきている学生達の思いは基本的に変わらないであろう。しかし、豊かになった都会に住む学生達は、だいぶ精神構造が違ってきているのではないだろうか。よくサボる学生（圧倒的に男性が多いが）のことを聞くと、多く「あいつの親は金持ちで、別に苦労はないんですよ。親が息子に大学卒業の資格がほしいだけなんじゃないですか」と話してくれた学生もいた。実際、応用技術学院の一番のサボり屋は、共産党幹部の息子であった。その子であったかどうか、心配して先生のところに相談にやってきた母親に、どうしても会いたくないと言って、寮に立てこもり、「無理強いするなら、ここから飛び降りてやる」と、大騒ぎになった、という噂も耳に入ってきた。都会生活者を中心としたかなりの生活アップは、一人っ子ということもあって、ますます自己中心の子を育てているのではないだろうか。

もうひとつの変化に、大学側の外人教師の扱い方がある。かつて、日本人教師はある意味で貴重品であったが、今や、中国で働きたいという日本人は結構たくさんいる、と言っても過言ではないだろう。その傾向はますます強まるだろう。一〇数年前ぐらいに、こちらで働いたことのある先生の話を聞くと、大学の対応は、かなり鄭重であったようだ。そこまでやらなくても、と思うが、古希の祝いなど盛大にやってもらった先生もいたようで、そういう思い出からか蘇州大好き人間になっている先生もいた。今はそれがだんだん規格化しているし、必要以上のサービスはしなくなってきている。それはそれで、当たり前のことだし、当然な変化と言えよう。極端なことを言えば、日本だって、明治の初めの外人教師の扱いと、今日の扱いでは雲泥の差があろう。明治の外人教師の例を出して、憤慨する先生もいたが、時代錯誤もはなはだしいと思ったものである。

私がここに描いてきた学生像と、先に挙げた加藤さんの本で描かれている学生像とはだいぶ違う。加藤さんの本の中には「北京大学の超エリートたちの勉強漬けの日々」という章があって、こう書かれている。「一三億以上の人口を抱える中国全土から選抜された超エリート集団と、日本の大学を比較するのは、ちょっと無理があるように思われる。北京大学に入学できるのは、毎年約三〇〇〇人、これは中国の受験人口一〇〇〇万人中のトップ三〇〇〇人である。ちなみに日本の受験人口は七〇万人台で、東京大学の定員も約三〇〇〇人となっている。」そしてこの後、東大生と北京大生との驚くべきレベルの違いの話がくる。私の行った大学は、中国国内で多分ごく普通のレベルの大学であろう。したがって、おのずとそのありようが違うのは、当然のことと言えよう。

共産党批判は平気か？

中国に行って、驚いたことのひとつに、人々の口から割りと共産党批判の言葉が出てくることだった。もちろん場所によって温度差はある。延辺大学ではそれはほとんどなかったと言ってよい。村夫子然とした酒好きの、私が行った当時の学院長が、酒席でよく「こんな汚れた世の中、酒を飲まずに生きられましょうか」と冗談交じりに言っていたのが、記憶に残っているぐらいだ。この学院長は、学者肌で、中国でよく見かける、組織の中で自分はえらいんだという態度を持たない人で、私は好きだった。学生のほうは、まじめと言われる学生は、みんな党員になることを目指していたように思う。まず、準党員というのになって、毎週活動報告を提出して、審査されるのだという。

四川省の大学のときは、この問題については、ほとんどこれといった記憶もない。しかしたぶん優秀な子は党員になることを目指していたと思う。

蘇州大学に来てだいぶ様子が違った。まず、日本語学科には三〇名近い教師がいたが、そのうち党員は二、三人だという。意外にも、主任をはじめ、ほとんどが非共産党員だった。そして、日常の会話の中にちらほらと共産党批判の言葉が聞かれる。たとえば、温家宝氏についても「彼は政治能力はゼロだ。ただ現場に飛んで行くこと、涙を流すこと、漢詩を暗記することが得意なだけ」という、私にとっては意外な評価を聞かされたこともあった。学生の中にも、「私は党員になんかなりたくないけど、親がなれ、と言うので仕方なく」とか、「共産党になんか全然興味ない」という学生が結構いたので、びっくりした。これはこの地域の特殊性だろうか。もちろん現実の蘇州大学は、共産党委員会ががっちり支配しているが、歴史的に、この地は政治家より、文人を輩出したところである。またこの大学自身、一一〇年前、アメリカ人が創立した、キリスト教系の大学であったという。私が蘇州大学に行くきっかけを作ってくれた先生などは、「我が家は、もともと国民党の系列で、共産党に財産没収されたりしたので、共産党には恨みがあります」などとはっきり言う。

しかしもちろん、これらの発言は、みんな非公式な私的な会話の中だけであって、決して公の席での発言にはならない。それにしても、そういう共産党離れの素地が少しずつ増えてきているということが言えるのか、あるいは、昔からこの程度の面従腹背は中国では当たり前のことであったのか、それは私には判定できない。いずれにせよ、これも中国の学生がよく言う「日本人は建前と本音を使い分けると言いますね」という言葉を、そのまま中国人にお返ししたい。

期末テストの憂鬱

期末テストの時期が来るたび、私は憂鬱になっていた。というのは、私から見れば不要と思われる雑用が増えるからである。まず試験問題を作らねばならない。これは当然のことである。しかし、中国では問題を一教科について、かならずA問題、B問題二つ作らねばならない（中には、C問題まで作らされたという先生もいた）。最初のとき、それは片方の試験問題が漏洩したときに、もう一方のものを使うからだ、と説明され、びっくりした。試験問題は漏れないように万全を期すのが当たり前のことであろう。それを、漏洩を前提に、毎回あらかじめ二つの問題を作らせるとは、発想がちょっとおかしいのではないか。三教科を持たされている先生は、合計六個の問題を作らなければならない。さらにそれぞれの模範解答を付けなければならない。採点をするのは原則として出題者であるにもかかわらずに、だ。さらにそれに付ける提出書類があって、主任の認印を貰わなければ、事務方に提出できないことになっている。そしてその手間の半分は、実際はほとんどまったく使われることがないのである。そのエネルギーのロスは、まじめな先生であればあるほど、大変なものになる。実際、そのばかばかしい作業を避けるため、問題は二〇%以上重なってはならぬとか、いろいろ言われたが、私はただ最初の問題だけ変えるとか、問題の順番を変えるとかの便法を考えてやり過ごした。特に私が担当させられた文学史など、基本的に覚えてほしい項目をそんなに変えることは出来ないわけで、憮然とせざるを得なかった。

延辺大学や西南科技大学では、実際二つの問題を使ったことはなかった。ところが、蘇州大学では、合格点（中国では六〇点）に達しなかった学生への追試に、この二つ目の問題が使われた。前の二校のとき、どうであったか忘れたが、担当が文学史でなく、採点に融通の利く科目で、基本的に六〇点の合格点に何とか達するように配慮したから、落第点はなかったかもしれない。

蘇州大学の文正学院、応用技術学院では、前に述べたような学生気質の変化もあって、出席も常ならず、どうしようも救いがたい学生が一クラス一人、二人出るようになった。落ちても、心を入れ替えて、ちょっと勉強すれば、実質的に前の問題と変わらないのだから、簡単に合格点を取れる問題なのだが、やはりぜんぜん復習もしてこない。そういう学生がいて、三回目の追試をやるということも実際あった。なんで勉強をやる気もない学生のために教師が苦労しなければならないのか、と腹が立つ。主任に大学はこういう学生もとにかく卒業させたいのか、と聞くと、はっきりは言わないが、そういう意向のように受け取れた。私の問題は全部客観問題だったから、作文のような手心を加えるような余地がなかった。そこで、テストの採点に、プラス特別点と書いて、足りない分の点数を加えて、合格点の六〇点としておいた。何か文句を言われるかな、と思ったが、提出した事務方からは何の反応もなかった。日本の大学は、アメリカの大学と違って、入るのは大変だが、出るのはところてん方式で簡単というのが問題になったことがあったが、中国のところてん方式はもっとひどい、というのが、私の感想だ。

教師は試験監督に立ちあって、学生達の試験問題についての疑問に答える。そして、終わった時点で答案用紙を受け取る。答案用紙を蘇州大学では直接その場でもらえたが、延辺大学ではいったん事務所が預かり、一クラス分ごとに綴じるのである。それから、改めて担当教師が貰いにいく。これがまたおかしなことに、表紙を付けて綴じてある。そして、一番上に書かれている学生の名前の下の部分で糸かがりしてあるので、答案用紙をめくっても学生の名前が見えない仕組みになっている。それは採点者に学生の名前が分かって、ひいきなどがあるといけないという配慮である、と説明を受けた。聞いた時はなるほど、なかなか慎重なことだと思ったが、採点が終わって、学生の名簿に採点結果を書き込むのも同じ担当教師の仕事だ。結局綴じられた頭のところを壊して、もう一度答案用紙を一枚一枚めくりながら学生の名前と照合し、点数を確認しながら、書き込んでいくという、結果として、とても面倒な作業をさせられることになったのである。

採点した教師がこんな作業をするなら、本来の目的から言ったら、尻抜けというか、頭隠して尻隠さずではないか、と腹が立ってくる。さすがに西南科技大学、蘇州大学では答案用紙をそのままくれたので、作業が普通にスムースにやれた。さらに点数の名簿への書き込みだけではなく、採点結果の統計やグラフ化も教師の仕事になっている。最も腹が立つのは、それらは結局何の役にも立てられることなく、事務室の片隅に放置されることが目に見えているからである。もっとも、査察が入ったときに、我々はこのように言われた通りきちんとやっていますと見せなければならない、ただそれだけのためなのであろう。

中国の大学にいて感じたのは、多くの大学運営に、教える側のための配慮・工夫というものが一貫してないことである。蘇州大学の先生の中には、「わが大学は単なる教育産業ですよ」と自嘲している先生も少なくなかった。

給料のこと

私が二〇〇四年、初めて延辺大学に勤めたときの給料は、二二〇〇元であった。これは中国の大学の中でも、外人教師のものとしては異例に低いものであったと後に知った。しかし一方で、当時の中国人教師の初任給は一〇〇〇元ぐらいだと聞いていたので、特に不満は感じなかった。さらにこの町の物価は、他の町に比べてかなり低いものであった。最初、生活のために必要なもの（たとえば電気釜やトースターや鍋など）を買い込むと大幅な赤字になったが、後は宿舎代・光熱費は大学持ちだから、そんなに金はかからない。町での昼食は、学生がよく行くような食堂なら大体五元。一〇元といったらちょっと贅沢した感じだった。バスは市内は一元、タクシーは五元、床屋も五元だった。だから、日常の生活を送るだけなら、問題はまったくなかった。ただし飛行機代がべらぼうに高かった。延辺大学は最初、一年一回の片道だけ出す、という条件だった。これらの条件はあまりに悪すぎるというので、専門教育者集団という組織が文句を言ってくれたらしく、二年目からだったか、給料は三〇〇〇元になり、年一回の往復の飛行機代は出してくれることになった。私達夫婦は、冬休みと夏休みには日本に帰っていたので、年間で、私の一回の往復分と、妻の分はまったく出ないから、妻の二回の往復分の飛行機代が、何ヶ月分かの給料に匹敵し、大きな負担だった。それにたまに旅行をすれば、二人だとどうしても数千元はかかったから、それらの分が持ち出しということになった。

次の西南科技大学の給料は、四〇〇〇元プラス光熱費だった。広州とか南のほうは給料がいい、それは物価が高いからだ、と聞いていた。四川省もそうなのかと思ったが、四川省は延吉と同じように物価の安い地域である。要因は別にあった。蘇州大学に移るときは、これまでと比べてずっと大きい都会だし、大学も有名校なのだから、給料もきっと良いに違いないと思った。そこで西南科技大学以上の給料を期待していたが、実際はそうではなかった。後で分かったことであるが、有名校ほど、ボランティアでもよいから働きたいという人が来るので、大学からすれば給料は安くてもいいということであった。確かに需要と供給の関係から言えばそうなるだろう。そのことが分かったのは、南京大学の先生の話からである。南京大学では実際まったくのボランティアで働いている先生もいるという。北京とか上海という大都会に魅力を感じない私は、綿陽の大学に喜んで行ったのだが、実際は「四川のような不便なところに行くのはちょっと」という人が多いらしい。だから、高い給料を出さなければならないことになる、ということだった。

さて、私の蘇州大学での給料は、四〇〇〇元は無理だが、特別三八〇〇元で、ということに決めてくれた。他の先生は三〇〇〇元だが、私の場合、四年間の中国でのキャリアを評価する特別待遇なので、あまり公言しないでほしい、とも言われた。ところが、二年が終わったところで、突然給料の改訂があって、なんと日本人教師の給料が一気に五〇〇〇元、私は特別で五六〇〇元ということになったのである。この値上げ幅に、私は仰天してしまった。この給料改善の陰には、先に述べた大阪府教職員組合のOB会の尽力もあったようであるが、それにしてもこのアップ率は日本では考えられない。その後、中国の先生から「自分たちの給料はちっとも上げてくれないのに」と、よく冗談交じりにぼやかれたものである。

ちなみに、中国の先生の給料は、それぞれの身分に応じた基本給があって、それとは別に受け持ったコマ数に応じて加算され（それは一時間、数一〇元という少額のものだが、少しでも給料を増やしたい先生は、コマ数をたくさん持つのだという）、さらにボーナスもあるが、私の知っている講師身分の中堅教師で昨年の給料を調べたら、年収にして五万元台にしかなっていなかったと嘆いていた。これは確かに低い。しかし、そのわりには先生方は高級住宅地区に住んでいたり、高級車を持っていたりするのは、なぜなのだろう。アルバイトをはじめ、他での収入の道がそれなりにあるからだろうか。

宿舎の思い出

私が初めて行った延辺大学の宿舎は、大学の正門を出たすぐ横にある「延辺賓館」というホテルの一部であった。私達はここを「延辺貧館」と呼んだ。ここに着いたとき、夜の一一時を過ぎていたかもしれない。空港に車で迎えに来てくれた案内役の中国の先生に連れられて玄関を入っていくと、小さなロビーの明かりはすでに消されていて、壁近くのソファーに寝ていた警備員らしき男がむっくり起き上がってきた。初印象から良くない。彼の案内で、奥に進んでいくと、通路から一段下がったところに別棟があり、そこが私達外教の宿舎であるという。ワンフロアー四室で、三階建てであった。各階の一番奥が共同炊事場であり、共同洗濯場であった。部屋はシングルルームで、私達は最初から夫婦で行くと言ってあり、それに対して大歓迎という返事であったので、当然夫婦ものが暮らせるスペースのある部屋が提供されるものと思っていたが、他の単身赴任者とまったく同じ構造の部屋だった。やや大きめのベットと机がひとつ置かれたごく普通のシングルルームであったので、私達はダブルベットにだって寝るような習慣はないので、これではとても睡眠がとれない、と抗議すると、棺桶のような細長い補助ベットを持ち込んできて、横に並べてくれた。

ところが、それを置くと、残されたスペースはほとんどなくなり、部屋の中を移動する時は、蟹の横ばいにならなければならなかった。今から考えると、人を呼ぶのにひどいものであると思うが、最初であったので、中国というところはまだ貧しくて、どこもこんなものなのか、という思いで新生活に入ったのである。後で聞いた話では、過去には、はるばるやって来たのに、「こんなところに住めるか」と一日で帰ってしまった人もいたという。この宿舎の隣は大きな病院で、そのため私達の建物は三階でなければ陽が当たらなかった。特に一階は湿っぽく、壁などにはカビがはえていた。幸い私達の部屋は二階で、そういう最悪の状態からはかろうじて免れられたが、陽のまったく当たらない薄暗い部屋だった。「まもなく新しい宿舎が出来ますから」という話を、来た当初から聞かされたが、実際それが出来たのは、一年過ぎてからであった。

こんな宿舎であったが、良いことがひとつだけあった。それは、ここは寒い土地であるから、窓は二重窓になっている。冬になって夜中零下二〇度、三〇度に冷えた翌朝、この外窓に見事な氷の花が咲いたことである。二重窓の外側の窓ガラスの内側についた水滴が、外の寒さで凍って出来た氷の結晶である。初めて見た時は、日ごろの宿舎への不満も忘れて、その見事な美しさにしばらく見とれたものであった。さらに、この二重窓の間の空間は、冬の間は、ちょうど冷蔵庫代わりの役割をはたしてくれた。

一年過ぎに出来た宿舎は、大学の中にあり、私達の面倒を見てくれる外事所と食堂が一緒の建物の中にあったので、とても便利であった。今度は部屋も広くしかも二部屋あり、炊事洗濯場は共同であったが、風呂・トイレは部屋のなかにあった。私にとって何よりうれしかったことは、陽当たりが良かったことだ。ただし、窓ガラスが一枚の新しい厚いものになり、二重窓ではなくなったので、真冬のあの氷の芸術を見ることが出来なくなってしまったのは、残念であった。

この今までと比べたら天国のような宿舎に移るとき、風呂をめぐって、ちょっともめたことは前に述べた（「赤い水」参照）。結局、簡易浴槽を入れることで、問題は解決したのだが、その後、さらに騒動になったのは、この風呂の湯は、太陽熱を利用するソーラーシステムで作った湯を屋上の大きなタンクに貯蔵して潤沢に出すということであったのだが、それを作った会社が間もなく延吉から撤退していなくなってしまい、不具合が起こってもなかなか直しに来てくれない、という事態になってしまった。そしてとうとう改めて各室に電機ボイラーを設置せざるを得なくなったのである。大学の損失はかなりの額にのぼったそうである。

二番目に行った西南科技大学の宿舎は、今から考えると、とても恵まれていた。旧区と新区の間にある丘の旧区側の中腹に、いくつかの教職員宿舎があり、そのうちのひとつの棟にある部屋を与えてくれたのである。ワンフロアー二所帯の三階建ての三階であった。ドアを入ると、小さな玄関スペースがあって、左手にトイレと風呂場、さらに台所があり、右手には書斎部屋があった。まっすぐ行くと大きなリビングルームがあり、その左手に寝室、さらにリビングルームの奥にもうひとつ寝室があった。つまり、三ＬＤＫである。専門学校時代に、校長先生が使っていた部屋だとか。リビングルームについたベランダはサンルーム風になっており、その窓からは丘の中腹の緑がたっぷり見え、朝は小鳥の声に起こされる、ちょっとした別荘気分だった。しかしいいことばかりではない。周りには商店らしきものは何もなく、大学の門を出たところに、かろうじて学生相手の食べ物屋と小さなコンビニがあるだけだった。ちょっとした生活物資の買い物にも、バスで四、五〇分かかる城市街へ行かなければならなかった。そこへ行けば、ウォルマートという米国系の大型スーパーがあり、何でもあった。

さて、三番目の蘇州大学の宿舎はどうだったかといえば、大学の近くにある、大学経営のホテル・東呉飯店の敷地内にあるいくつもの建物のうちのひとつ三号棟が、私達外教のために割り当てられた宿舎だった。四階建てでワンフロアに五室あり、中間にある三室がシングルルームで、両端の部屋が広く、一応夫婦者用になっていた。私に割り当てられたのは、小ぶりなシングルルームで、このときから妻が同行せず、単身赴任となっていたので、問題はなかった。ここでの問題は、前がクリーニング屋で、後ろが駐車場であったことから来る騒音だった。そのことは別のところに書くから、ここでは省略する（「騒音に強い中国人」参照）。

そこに書かなかったことをひとつ付け加えておこう。それは、週末などに、貸し切りバスで年寄りたちを連れてきて、さまざまな商品を売り込む販売会社の活動に、このホテルのいくつもある別棟の、宴会場というか会議室のひとつを貸していたことである。これが大音響の音楽とともに、マイクで口上を述べるため、はなはだうるさかった。中国語が達者でここに長くいる日本人教師の話では、これは一種の鼠講のような組織で、お年寄りをどうも食い物にしているらしいという。そうだとすれば、大学の施設の使い方としてはいかがなものかと思わざるを得なかった。

このホテルは大学経営のためか、殿様商売で、従業員の態度の評判も悪く、経営はかなり苦しいと言われていた。その分いろいろなところに施設を貸したりしていたのだろう。ホテルの敷地の空いているところがだんだん自動車だらけになってきたと思ったら、駐車場として料金稼ぎをするようになったのだそうだ。

中国語は難しい

中国の大学で働くようになって、七年がたった。日本に帰ってきて聞かれて一番つらいのは、「そんなに長くいらっしゃったんなら、もう中国語はぺらぺらでしょうね」と言われることだ。自分が逆の立場なら当然同じことを聞くだろう。しかし残念ながら私はそうならなかった。なぜか。私は第一義的には、歳のせいにする。六〇を過ぎてから外国語をやるのは無理だ。耳が硬くなっていて、他国語を寄せ付けないのだ、と。そして私は中国に日本語を教えに行ったのであり、学生達にネイティブな日本語を聞かせることが役目なのだ、と。もちろんこれは言い訳に過ぎない。実際六〇過ぎてから、外国語をものにしている人も少なからずいる。そういう人達に聞いてみると、多くは一時期かなり集中的に学習している。

もうひとつの原因は、私達が担当する日本語科の三、四年生になると、普通の成績をとっている学生なら、日常的に困らない程度の日本語の聞きとりと話す能力を身につけているので、私が中国語ができなくとも普段の授業や生活にまったく支障がないからである。

私も努力しなかったわけではない。定年後まもなく、市民の中国講座に参加したし、中国に行ってからは、週一回学生と勉強した。しかし、そういう五月雨式学習ではいくら長くやっても、ものにならなかったのである。だから私は、学生達に「諸君のような若いうちにぜひ外国語に打ち込んで身につけたまえ」と開き直ることにしたのである。私がやった学習は、学生との相互学習（中国語ではフーシァンシュエシィという）であって、日本語と中国語を相互に教えあうというのが建前だが、結局いつも日本語による雑談会になってしまい、私の中国語は一向に進歩せず、ということに終わってしまったのだ。

日本人留学生に聞くと、土・日を除いて、午前中はほとんど会話・文法の授業で、さらに宿題が山ほど出るので、それをまじめにこなしていると、午後や夜もかなり大変だという。六〇過ぎの私の仲間の日本人教師が、一大決心をして、自分の授業を出来るだけ午後に組んでもらって、午前中は留学生と一緒に中国語の勉強に取り組んだ。「偉い先生だなあ」と思っていたが、やがて「学生について行こうとがんばっているうち、学期の半ばでノイローゼ気味になってしまったので、やめました」という報告を受けた。やはり難しいのだ。しかし、実際中国語を上手にしゃべれる日本人先生も少なからずいるわけで、やはり私達の学習法に問題があるのだろう。中国でも人気のある福原愛ちゃんの堪能な中国語を聞いていると惚れ惚れし、ついでに、「若いっていいなあ」という感想を持ってしまう。

そのうち、中国人同士でもよく言葉が分からないことが実は多いらしい、ということが分かってきた。特に、四川や蘇州では日常生活にはそれぞれの地方の方言が使われ、他の地方から来た学生にはよく分からないことが多い、ということが分かってきた。私が七年いて身に付けたのは、「中国人同士でも分からないのだから、外国人の私が分からないのは当たり前だ」と開き直ることで、話しかけたり、話しかけられたとき、どきどきすることがなくなったことぐらいである。

私と中国3　中国は住みやすい？

人によく「よい経験をされましたね」と言われる。私の心の中では、それをすぐ肯定することはない。別の生き方があったかもしれない、と思う心があるからだ。しかしもちろん後悔はしていない。自分は確かにこういう生き方を選んだのだ、と思う心があるからだ。

なぜ中国に七年間も通ったのか。言葉も通じず不便なのに。それはやはりそこでの生活にしやすいものがあったからとしか言いようがない。最初は、中国の学生を教えるという

「理想」に励まされていたかもしれない。しかし、それは間もなく日常化し、エネルギーの元とはならなくなった。では、何がそれに代わって出てきたかというと、生活のしやすさ、気楽さではなかったろうか。しかし、それは物質的意味ではない。言葉の不自由が生活に不便なことはもちろん、物質的には日本の方がずっと生活しやすい。では、何なのか。

私のような者でも、日本の社会にいると、それなりの「位置」というものができるようだ。それは何も特別なものではなく、ごく普通の、社会人として、夫として、父親として、町内会の一員としてなどの役割が、いつの間にか自分の周りを取り巻いているのである。妻が「もっとちゃんとした格好をしてください」と言うのも、一つの社会の目を代弁しているのである。「あなたはどこそこの誰それ」という役割ともいうべきものを負わされていて、そこから外れることは奇異の目で見られる。そういう目に見えない形でのプレッシャーから、中国での生活はすっかり自由になれるのである。もちろん中国での方が、大学の教師であり、インテリの一人としての役割があるのだけれど、異国人のゆえか、生活をする上で、それを意識する必要をほとんど感じないでいられた。それが気を楽にしてくれるのだろう。さらに町中の雑多な中国人の生活を見ていると、そういう「自由勝手な気分」を縛る方向ではなく、「自由勝手にやりなさい」と言ってくれているように感じるからなのである。

蘇州大学に行って、最初に親しくなった先生に、王琴珠先生がいる。様子の何も分からない私の世話係というか教育係で（もっともすぐに、その役割は気の毒なことに洪濤さんになったのだが）、その後何人か会った女の先生の中では、日本語は一番達者であった。ただ物凄くにぎやかな人で、分校に行くスクールバスの中でも彼女がいるのは、その笑い声や大声ですぐ分かるほどであった。間もなくお互いかなりきわどい悪口を言い合える関係になった。その彼女は、しばしば「先生はここにいれば宝ですが、日本に帰ればただの粗大ごみでしょう」と、私にとって最大の歓迎の辞を述べてくれた。前半はともかく、後半は否定し得ない事実である、という恐怖が私にはある。中国では、日本語を中国の学生に教えるということで、確かな仕事が出来る。しかし、日本ではもう、何も仕事をやらせてもらえないだろう、という思いだ。

さて、ここ中国に来て得たものは何か、と言われたら、それは反日運動や反中国宣伝に負けない、先生や生徒達との友情だと言いたい。人間どこも変わらない、仲良くやっていける、という思いだ。それがあれば、戦争は起こるまい。

しかし、この暖かい思いの間に、国家というものが入ってきたとき、どうなるかと思うと、わたしには自信がなくなる。暴力装置を持った国家が間に入ってきて、別の意思を強制してきたとき、本当にそれに抵抗できるのか。その恐怖を、日本人は先の戦争の時に、中国人は先の文化大革命の時に経験したはずである。個人の意思を押しつぶす国家の暴力、そしてそれに付和雷同する人間の弱さ、それらに徹底的に抗《あらが》うことができるだろうか。実は私には自信がない。こういうことを考えるとき、私の頭の中には、いつも遠藤周作氏の『沈黙』に出てくる主人公の姿が浮かんでくる。そういう不安を抱かせる世の中の動きが、ときどき実際に起こるのが悲しい。

先の王先生は、私が蘇州大学にいる間に、突然脳溢血で倒れられた。幸い少しずつ回復してきて、今は復職する道も開けていると聞く。しかし、人と会うと興奮するからということで、特定の人以外とはご主人が会わせないようにしているとかで、私も帰国するまでに再会することが出来なかったのは、心残りである。

西南科技大学宿舎の向かいの梁桂花ご夫妻。四川大地震後、私達夫婦のためにお別れ会をしてくれた。

第四章 中国人を体感する

中国人のバイタリティー

中国に住んでみると、やはり「中国人はバイタリティーがあるなあ」と感じないではいられない。中国にやって来た日本人の先生方は、みな異口同音にそう言う。町を歩いているとき、超市《チャオシー》（スーパーのこと）や市場で買い物をしているとき、おのずとそう感じさせられてしまうのだ。それは中国人の大声と、しゃべり方に関係があるかもしれない。また、無秩序を平然とやり過ごしてしまうライフスタイルに関係するかもしれない。

最初の延吉では、中心街の交差点の混雑ぶり、市場でのやり取りの大声、超市での混雑と我勝ちの押し合いへし合いに、まず圧倒された。妻は、超市に買い物に行くと、ショッピングカートをぼんぼんぶつけられる、とぼやく。お米や卵の安売りがあるので、並んでいると、後ろからどんどん押し捲られる。前の人との間に少しでも隙間があると割り込まれるから、と前の人の背中に胸がくっつくほどに押してくるのだと言う。残念ながら、私はそういう経験をしたことはない。それと、妻が買い物籠の中に入れたものをいきなり取り上げて、これはどこにあるかとか、ちょっと変わったもの（日本人にとっては普通のもの、たとえばスパゲッティーやベーコンなど）が入っていると、どうやって食べるのか、と聞いているらしいと言う。彼女は中国語がぜんぜん分からないので、相手の雰囲気でそう感じるだけだが。こういった状況は、その後行った綿陽や蘇州の超市でも基本的にかわらなかった。しかし、私の帰国間近になって、久しぶりに蘇州にやって来た妻は、超市から帰って、「前に比べるとずいぶん落ち着いてきたわね、物をいつでも買えるということになると、だんだん落ち着いてくるのかしら」という感想をのべた。

四川大地震のときの経験だが、私達の住んでいる宿舎の周りの人々は、建物の中は危ないということで、みんな近くの公園や広場でテント生活を始めた。それを見ていると、日に日に充実していくのである。ある人はソファーを、ある人はベットをテントに持ち込む。そして、どこからか持ってきた竹でテントを補強したり広げたり、レンガを積んで竈《かまど》らしきものを作ると煮炊きを始める。ある日、やってきた学生が「先生、大学の中は、もうどこにも竹は生えていませんよ」と、報告してくれた。そして、時をおかず隣のテント同士でマージャンを楽しみ始める。日本人なら「こんなときに不謹慎な」と言って、非難されるだろうな、と思いながら、彼らのめげないたくましさに圧倒されたのである。

これは蘇州での話だが、街中の公衆トイレに人が住んでいるので、最初に見た時はびっくりした。おおむねは、男便所と女便所の間の小さな空間が住まいになっていた。これは、なかなかきれいにならない町の公衆トイレ美化対策のために市が考え出した方策のようで、省外から来た人達が住んでいるようであった。

宿舎を出て、学校に行くまでの間にある、割と小さいマンションの一階に四所帯分のガレージがあった。その一番端のガレージにソファーと机が置かれて、あんちゃん風の男が贈答用のタバコの買取り商売を始めたなと思っていると、間もなく奥に目隠し用の大きなビニールが張られ、どうも人が住むようになったらしい。やがて若くて元気な女の人がプロパンガスを使って大きな中華なべで料理を作る姿を見るようになり、さらに大きなソファーが持ち込まれ、いよいよ住まいの様相を呈してきて、ついに扉もつけられた。一年後には子供も生まれて、仲間同士で和気藹々と生活を送っている。

全体に中国人は、貧しい暮らしの人は貧しいなりに、自分達の生活を当たり前のものとして受け入れ、それほどカリカリしていないように見受けられる。しかしそういう状況が、いつまで続くかは分からない。やはりいつかは、この格差社会に対して不満が爆発するのではないかという予感はする。

活気ある市場

私は市場の雑駁な雰囲気が好きで、観光ツアーで中国旅行していた頃から、添乗員さんに、「近くに市場があったら、連れて行ってください」と、よく頼んだものである。

中国で暮らすようになってからは、もちろん日常の食品類を市場に買いに行った。ただ野菜類が中心で、肉類は超市で買った。肉類は、中国人の先生から衛生上の問題があるからと言われたし、そもそも売り場の生肉臭が強烈だ。そして、あの大きな塊を、挽肉やこま切れ、すき焼き用などにさばいてもらう頼み方が出来ないので、超市のパック物を買うことが多かった。

延吉では、町の中心街に大きな常設市場があったが、そこでは北朝鮮からの輸入品（蕨などの山菜や鱈や烏賊の干物など）がたくさん置かれていて、北朝鮮の飢餓的食糧不足のニュースなど聞いていたから、とても複雑な思いがしたものである。しかし、延吉の市場で最も印象深かったのは、市の真ん中を流れる烟集河《イエンジー》の川岸に毎朝立つ朝市である。夏場は、朝五時前から始まって、七時過ぎに行くと、もう店じまいを始めていた。近郊の農家の人々が中心だろうか、リヤカーや小型トラックで品物を運んできて、道端に広げるのである。

一キロぐらい続く朝市のちょうど真ん中辺に大きな教会があって、その前が小さな広場になっており、朝市の中心的な感じになっていた。そこに据えられた板の上に、丸ごと裸にされた犬肉がずらっと五、六〇頭も並べられている光景は、なかなか壮観だった。妻は思わず眼を背けて通ったが、この地域は犬肉料理がひとつの特色になっている。観光案内の本にも、犬肉料理の専門店が集中している地域が紹介されている。しかし、日常生活の食事にはほとんど出てくることはない。二、三度「今日は犬肉を食べに行きましょう」と改まった時に、専門店に入っただけである。犬肉は精がつくということで有名だし、ここでは他の肉より高い。実は私は、夏ばて防止に効くというので、東京でも食べたことがあった。三河島という屠場のある町の店で「ケジャン（犬汁）」を食べたのであるが、臭みが強く食べ切れなかった。しかし、延吉の犬肉料理はその独特の臭みもなく、おいしく食べられた。

西南科技大学にいるとき利用した市場は、大学の敷地を出たすぐの、それほど大きくない広場にあった。朝市で一〇時頃には終わる。ここの市場は、私達が経験した市場の中では一番素朴で、いかにも近くの農家のおじさんおばさんがやってきて商いをしているという感じだった。妻も、ここが一番気に入っていたようで、金額など分からないでまごついていると、手取り足取り親切に教えてくれたし、他のところでときどき感じるような、外国人だからとふっかけられることもなかったと言う。

最後の地、蘇州では妻が基本的に来なくなったので、私自身が市場に買い物に行くようになった。ここには、宿舎の近くに、と言っても一〇分から一五分は歩くが、三ヶ所ばかり市場があった。みな朝だけでない常設の市場だった。葑門と双塔と鳳凰街にある市場だったが、私は一番活気のある葑門市場を多く利用した。ここは大通りの交差点からちょっと入った狭い路地から始まり、三〇〇メートルばかり左右に小さな店が続いていた。ガチヨウやアヒルが足を縛られて飼い主のつくのを待っている。鳥はほかに鳩が売られていた。これは箱のなかに入れられている。そう言えば、ここではあまり鶏は見かけなかった。この魚屋は草魚や鯉を大きな盥《たらい》の中で泳がせている。蛙が網にぎゅう詰めに入れられており、その脇でザリガニも売られている。この通りには、ほかに果物屋、雑貨屋、怪しげな針通しや窓拭きなどの新製品の宣伝販売など、まことに種々雑多な店が並んでいる。その狭い道（幅二、三メートルぐらいだろうか）を、時間によっては多くの人が肩をぶつけあいながら行きかっているのだが、そこへバイクや自転車に乗ったまま平気で入ってきて、車を降りぬまま、店の人に声をかけ品物を買っていく。と思うと、店のチビが通りに出てきて、おしっこをしている。その道には、魚屋の大きな盥から活きのよい魚がよく飛び出している。

　さて、その中央辺りに大きな建物があって、その中も市場になっていた。私は、なんとなくこのビルの中の店のほうが安心できるような気がして、同じ野菜・卵・豆腐・米などはそこで買う習慣になっていた。ときどき外の店の野菜のほうが新鮮で立派に見えることもあったが、私はここで買うときは、品物というよりは、親切そうで、出来るだけかわいらしいおばさんがやっている店を選んで買った。中国語は不自由だが、やっぱり買って、かわいいおばさんに、にっこりしてもらえるのはうれしいものだ。

中国人の大声

中国人の声は大きい。もちろん日本人だって、大声でしゃべる人はいる。しかしとにかく中国の日常生活では大声が多い。しかもそれが喧嘩腰に聞こえる。延辺大学に行ったばかりの時、宿舎前の道路で清掃員と建物の中の事務員が猛烈に言い合っていた。これはてっきり清掃員が何か不都合なものでも持ち出して、事務員に怒鳴られているのだと思っていると、突然二人で笑い出したので、私の勘違いだったことが分かった。これに似た経験はしばしばあった。朝市などに行って、おばさん達が値引き交渉をしているやりとりの調子は、ほとんど怒鳴りあいに聞こえる。

日本に帰っているときに、あるテレビ番組で、次のような調査報告をしているのを見たことがある。それは中国人二人が普通に話しあっている会話を録音し、全く中国語を知らない日本人に聞かせ、どういう状況での会話と思うか、と問うのである。そうすると、およそ八割の人が喧嘩をしているところ、と答えたのである。そう聞こえる原因の一つは、中国語にある息を強く吐き出す有気音のせいか、などと素人考えしてしまうのだが、町中を歩いていても、とにかく大声が多い。

「中国はでかいから、大声で話さなければ聞こえないからさ」と言った中国人先生がいたが、あながち冗談とは言えない一つの真実かもしれない、などと思ってしまう。確かに大声の人は、農村部から出てきたような格好の人が多い。近年は、携帯電話が普及しており、時々なんでそんな大声で電話しなければならないのかと思うほど、すさまじい大声でかけている人がいる。まるで遠くにいる相手に直接聞こえるように怒鳴っているのではないかと思うことさえある。それが乗り物の中、食堂の中でもお構いなしだから、大いに迷惑である。

これは携帯電話ではないが、数人の学生と近郊の山登りをした帰り、バスの中でみんなうつらうつらしていると、突然すさまじい大音声が聞こえてきて、危うく椅子から滑り落ちそうになった。思わずそちらを見ると、途中から乗ってきたおばさんが仲間に何か話しかけているのだ。さすがにこのときの大声には中国人もびっくりしたようで、運転手さんも含めてみんなそのおばさんに視線を送っていたが、全くお構いなしで、しばらくはそのおばさんの声が車内中に響き渡っていた。

困るのは、私達の宿舎は大学が経営しているホテルの敷地内にあるのだが、ときどき宴会が終わった人々が、外でながながと大声で別れの挨拶を交わすことである。それが時間かまわずであるから困る。一体に中国人には近所迷惑という観念は欠如しているように思う。それが中国人の活力なのだ、という人もいるが、いかがなものだろう。

騒音に強い中国人

中国人の話し声が大きいことを書いたが、かれらは、騒音についても実に鈍感である。私が最初に騒音で悩まされたのは、延辺大学の宿舎にいたときだ。暗いじめじめとした狭い宿舎から陽当たりのよい新しい広い宿舎に移ったのを喜んだのもつかの間、間もなく寒い日々がやってくると、ちょっと離れた斜め向かいにある病院（以前の宿泊所の時は、すぐ隣で太陽をさえぎっていた病院である）へ通ずる目の前のがたがた道を、石炭を運ぶトラックが毎晩真夜中走ってくるようになった。これが重い石炭を積んでいるから、並のエンジン音ではない。そして病院の裏口を入ると、その石炭をおろす音と、その作業をする人々の遠慮会釈のない大声が聞こえてくる。作業が終わるのが午前一時、二時になるのだから、とてもたまらず、外事所の人に何とかならないのかと抗議すると、「そりゃあ、しようがないですよ」の一言で、片付けられてしまった。ひと冬、夜中の安眠は得られなかった。

蘇州大学の宿舎の向かいには、クリーニング屋があり、裏手には大学専用の駐車場があった。バスなど大型車の出入りもうるさかったが、問題なのは長時間にわたるアイドリングの音や洗車をしながら、大きく音楽をかけたり、大声で話したり、神経にさわることが多かった。問題はそれだけでなく、前のクリーニング屋が、ホテルから回収したシーツなどのクリーニングを始めるのが夕方からで、夜中からひどいときは明け方近くにかけて作業が行われた。その間、機械のまわる音とシーツを引っ張るパーン、パーンという鋭い音が響き渡る上に、働く女性達が騒音に負けずに話す元気の良い大声がひっきりなしにするという、最悪の環境だった。このクリーニング屋は、二年目かに引っ越して行ってホッとした。

クリーニング屋が去っていくらか静かになった後、こんどはホテルの改築工事が始まった。この工事の鉄パイプを放り投げる音などが、これまた遠慮会釈なく、たてられる。昼は我慢するとして、その工事が朝の六時前から始められるのには参ってしまうのである。普段ちんたら仕事をする中国人のイメージがあるが、片一方では、偉いさんの命令があれば、形振り構わぬ徹夜の突貫工事をするのも中国人だ。

日本人には考えられない中国人の騒音に対する鈍感さは、日常生活の中でも、しばしば見られる。商店街などを歩いていると、売り出しなのか、道路に向けて、大音声で音楽を流す店をよく見かけた。バスの中も、サービスのつもりか、ラジオを大きくかけているものもある。長距離バスの場合はテレビである。また、ご存じの爆竹、花火を中国人は大好きだ。それはよい。しかしそれを夜中の一二時、一時に平気でやる神経が分からない。聞くところによると、その多くは夜の商売の開店祝いだという。日本だったら周囲から顰蹙を買って、お祝いどころではあるまい。

外見が大切

中国に来た誰もが認めるように、中国の発展の早さはすさまじい。私は日本経済の高度成長期の発展を目にしてきた世代であるが、それよりも早い。子供の頃のおぼろげな記憶にある、戦後の廃墟からの復興のときの速さに匹敵するのではないかと思う。商業ビル、マンションの建築ラッシュ、自動車の激増、高鉄や地下鉄や道路などのインフラ整備、繁華街や大型スーパーの人出の多さ、町行く人の肥満度、ペット犬を連れた人の急増、どれをとっても猛スピードという感じがする。私の体験した、延吉・綿陽・蘇州という三つの町の比較で言えば、やはり上海に近い蘇州がもっともはなはだしいと言ってよいだろう。小さな話で言えば、女性の服装の変化の速さはもちろんのこと、妻の目には初めて延吉に行った時には、ほとんど目に付かなかった日傘が、女学生の間にあっという間に広がったという。確かに今蘇州では女性が日傘をさしているのは当たり前の姿である。

しかし中国の発展のいくつかを見ていると、内実より外見重視という面が極めて強い。

たとえば、町並みだ。商店はもちろんマンションなどにイルミネーションが輝き、人のめったに通らぬ橋の欄干などもきれいに光っている。しかし、表通り重視で、ちょっと裏に入れば、まだまだ貧しさが丸見えだ。古いものが残っていると言うのではない、粗製乱造の残骸だ。さらに、ものづくりの面でも同じことが言える。家具など見かけは立派だが、使ってみると、取っ手などがびっくりするほど簡単に取れたりする。プラスティックの洗濯ばさみは、ちょっと乱暴に扱うと、ポキポキと壊れてしまう。

商店街はもちろんのこと、マンションの屋上などや橋の欄干などにイルミネーションが光り輝いているのに比べ、一歩家の中に入れば、たとえば私達の入っている宿舎の廊下や部屋の電気は十分明るいというわけではない（もっとも終わりの頃は、文句を言えば、部屋の蛍光灯の本数を増やしてくれるようになった）。それはホテルに行っても同じだ。中国のホテルの廊下の暗いのには、初めて利用したときには、ちょっとびっくりした。節電しているのかな、と思ったが、町の無駄な電気の使い方を見ていると、そういう思想が徹底しているのとも違うのではないか、と思うようになった。

大学の中を見てみよう。教室が古くて暗くて不便なままなのに、またトイレなども昔の側溝を跨ぐだけの前近代的トイレのままなのに、それはほったらかして、正門を入ったところの花壇の植え替えとか、何の必要もない、そのままにしておいたほうが良いと思われる樹木の植え替えとか、大学によってはモニュメントをやたらに作っているのが目につく。

蘇州大学では、凌雲楼という背の高い行政棟があって、大学の象徴だという。その屋根には夜になるとイルミネーションが輝く。しかし、学生達の住む寮には、どんなに暑い時でもクーラーがないから窓開けで我慢するしかない。このバランスの悪さが私は気になるが、大学側は一向に気にしないようである。

サービス精神ゼロの国

中国の生活に入って、妻が最初にショックを受けたのは、買い物してお金を払うとき、釣り銭を放り投げられたことだった。そもそも払うとき、手に金を持ってもたもたしていればひったくられる。それは珍しいことではなく、日常的な当たり前の姿で、たまに愛想が良かったり、丁寧な店員にあったら大感激だ。このやり取りに慣れるまで、妻はだいぶ時間がかかったようだ。

買い物することが少ない私は、当然そういう場面での不愉快さに遭うことは少なかったが、さまざまなところで、日本では考えられない態度に出会う。たとえば、両替のために銀行へ行くと、ここでの応対はかなりひどい。親切心のかけらも見せない。郵便局もそうだ。町の料理屋に入って、注文を取る店員にも、よくもそんな仏頂面が出来るものだ、と思うような女店員がいる。もちろんその場その場で程度の差があり、みんながみんなそういうわけではないことは当然である。ただその確率が日本などに比べものにならないほど高いのだ。それにちょっと、店員の数が多い商店や超市や食堂に行くと、仲間同士のおしゃべりが極めて多く、しかもそちらが優先だ。これはだいぶ前の話になるが、黄鶴楼という観光地にツアーで行ったとき、エレベーター係が友達との話に夢中で一向に動かしてくれない。中国人の添乗員の顔を見ると、「もう少し待ちましょう」という様子だった。これは極端な話だし、もう一〇年以上も前になる。やはり時代が新しくなると、この面でも少しずつよくなってきていると思う。特に、一流のレストラン、ホテルなどに行けば、確かにしつけられている、という店員が増えてきている。しかし、街中の小さな食堂や超市の店員の無愛想、また銀行や郵便局、市役所などのお役所的体質の改善ということになれば、まだまだということになる。

銀行員の話で思い出すことがある。延吉にいたとき、ここでは「闇」の両替屋がかなり盛んであった。おばさんが多く、銀行の周りをうろうろしている。あるとき、学生と銀行に一緒に行ってもらうと、窓口で銀行員が学生に何やら言っている。書類でも不備で文句を言われているのかと思って緊張していると、学生が「あの局員さんが、外の両替屋のほうが率がいいと言ってますよ」と通訳してくれた。それでは、ということで、闇の両替屋と取引して、数一〇元か得したことがあった。その局員さんの親切に感謝したものやら、こんなことがあっていいのかな、とちょっと複雑な気持ちがしたことであった。

面子か見栄か

中国人はよく面子を重んじると言う。面子を重んじるということと、見栄っ張りということが、どこまで似ており、どこから違うのか、あまり深く考えたことはないが、中国人の見栄っ張りも相当なものだと思う。身近なことで言えば、タバコがある。日本では、タバコの種類はいろいろあっても、値段はほとんどの物がほぼ同じ値段である。ところが中国ではそうではない。私は「中南海」の一〇ミリというのが好きで吸っていた。四・五元であったと記憶する。ある日、学生が「先生、そのタバコは人に勧めないほうがいいですよ」と言う。「何でだ」と聞くと、「それは貧乏人が吸うタバコですから」と言う。いろいろ聞いてみると、中国人にはまだ他人にタバコを勧めるというのが、他人とコミュニケーションをとる時の、大切な手法のひとつになっている（今急速に変わりつつあるが）。そのとき、相手に差し出すタバコの銘柄によって、その人のステータスが計られるというのである。だから、中国タバコの種類は数え切れないほど多く、値段もさまざまである。大学の先生ぐらいになったら、大体「中華」を吸わなければ、と言う。これは四、五〇元する。

ここでちょっと解説しておくと、中国では、タールの高いほうが値段が安い。たとえば、先ほどの「中南海」で言えば、五ミリのものは一〇ミリの倍の一〇元する。これについて我が主任は、「これは、政府の政策で、貧乏人は早くガンになって死ね、と言うことである」という珍説を紹介してくれた。また、「中華」には、硬い箱入りいわゆるボックス入りと、やわらかい紙包装との種類があって、これは紙包装のほうが高い。これも日本人の感覚と違う。ちなみに、鄧小平氏は「熊猫」という高級タバコ（一〇〇元以上？）を愛用していたという。まだまだ種類は数え切れないほどあって、高級官僚は高級タバコを吸わなければならないのだ、という。学生でさえ、人に勧め用のためには、無理して高いタバコを買っているそうだ。「タバコを吸わない人ほど良いタバコを買う」という俚言《りげん》があるとも聞く。

学生の話では、友達との飲み会などでは、日本のように割り勘という習慣がない。女子学生のほうには少し取り入れられ始めているようだが、男子学生の世界ではまだほとんど取り入れられていない。誰かが「今日は俺が払う」と頑張るわけだ。話では、そのため、彼はその後の数日間かなり悲惨な生活になることもあると言う。私には理解できない心情だ。

もうひとつ、ご存知のように、今、中国は猛烈な勢いで自動車が普及している。中国人教師の一人が、「慎重派の私としては、清水《きよみず》の舞台から飛び降りるような気持ちで車を買いました」と言う。その理由は、「今、車を持っていないと言うと、生徒に馬鹿にされるから」と言うのである。これは見栄か面子か。これを聞いて、「そんなことで車を買うのは馬鹿だ」と、憤慨した中国人教師がいたことも、公平のため申し添えておきます。

身内と師弟

中国人が強い身内主義だ、ということはよく言われる。それは中国の厳しい歴史の有為転変のなかで、信用できるのは身内だけ、という体験を重ねてきたからだと言われる。中国人はいとこやはとこのことを、兄さん、姉さん、弟、妹という言い方をよくする。身内のとらえ方が日本よりちょっと広いのかもしれない。作文などで、兄弟のいないはずの学生が、「妹と遊びました」などと書いてくるので、「あなたは一人っ子でしょう」と確かめると、「お父さんの兄弟の子です」などと答えることが多い。彼らは、身内と認定すれば、とても親切である。汽車の切符を買うときとか、乗り物に乗るときなど、他人を無視しても優遇する。一方他人と認定すれば、それこそ石ころのように冷たく扱うことも平気である。中国人の学生はよく「日本人は集団主義ですね」とか「日本人は旅の恥は掻き捨てでしょう」と日本人の特性のように言う。どこで聞いてきたのか、これまでに学んだ教材などにあるのかもしれない。しかし、私は中国人の身内主義も、ある意味での集団主義のように思うがどうだろう。

もうひとつ感心することは、師弟の関係に対する思い込みが強いことである。中国では九月の初旬に「教師節」なるものがある。学生が花や感謝のメッセージを教師に贈る日である。これも地方によって、だいぶ温度差がある。延辺大学、西南科技大学の学生は結構一所懸命の様子で教師に届けていたが、蘇州大学ではすっかり形式化している感じだった。

これは西南科技大学にいるときのことだが、学生のお父さんの車に乗せてもらうことがあった。二人で話しこんでいた後で、学生から、「父から一日でも教えを受けた先生は親と同じだ、大切にしなさい、と言われました」ということであった。これはたぶんに建前だろう。しかし、一九九〇年代の終わりごろに蘇州大学で一年働いたことのある日本人教師が、こちらに来るということになると、卒業生が集まって、下にも置かない歓待ぶりで、私はびっくりした。その先生は蘇州大好き人間のひとりで、毎年一度は必ず来ていると聞いたけれど、それもむべなるかな、と思われる歓待振りであった。

蘇州大学では教師同士で師弟関係にある先生がいて、師である先生が主任であったので、弟に当たる先生が、いろいろな雑用を、次々と命ぜられるままに引き受けてサポートし、突然の呼び出しにもよく応じていた。「大変だね」と声をかけると、「師である先生から頼まれたことは断われませんよ」と、黙々と時間外も働いていた。しかし、その師に当たる先生が主任を下り、つぎの先生に代わると、「私は今度の先生に教えを受けたことはない。だから、何の恩義もない。その人のために余計に働くことはしない。これからは自分のことだけにかまける」と、私にはっきり宣言したのである。彼のこれまでのがんばりは、蘇州大学の日本語学科をよくするためとかいう「公」的なものではなかったのだ。この感覚は、私の持っているものとはちょっと違うな、と感じた。

時間にルーズ

中国の学生から、よく「日本人は時間に厳しいそうですね」と聞かれた。これも教科書か教材に使っているものに、そういうことが書かれているのだろう。中国人は、平気で約束の時間に遅れるということを聞いていたから、「そうだよ、日本では約束の時間にしばしば遅れるような人は、社会的な信用を失うよ」と答えることにしていた。学生の名誉のために言っておくと、私と会う約束をした学生は、ほとんど時間通りにやってきた。しかし、時に約束をすっぽかされることがあって、「連絡ぐらいしろよ」と言うと、「これこれのことがあって行けなかった」と、まったく悪びれない。彼らは理由さえ立てば、約束を反故にすることに、あまり罪悪感は持たないようで、こちらがカッカとさせられるだけであった。

時間にルーズということは、個人的な約束事だけではない。延辺大学に行って、最初の学園祭みたいなものがあり、「夕方五時から催し物があるので、ぜひ見に来てください」というので、ちょっと前に会場へ行って開始を待っていると、係らしい学生がやたらにばたばた行き来するだけで、開始時間が過ぎても一向に始まる気配がない。少しは遅れるだろうと覚悟はしていたが、それにしても遅い。結局三〇分以上も遅れてプログラムが始まった。このときは、司会が三人もいて、一人が中国語、一人が朝鮮語、一人が日本語で進行させていった。演目にはダンスが多く、しかもストリートダンスと言うのだろうか、五、六人のグループの女子学生が臍出しルックで、次々と登場して踊るので、中国もここまで来たか、と保守的なおじさんとしてはびっくりしてしまった。

会合の開始の遅れるのは、どこに行っても、学生の会合・教師の会合を問わず、当たり前であった。一番驚いたのは、初めて、延辺大学の先生の結婚式に呼ばれて行ったときである。日本人にとっては、呼ばれた結婚式に遅れるなどということは、とんでもなく失礼なことだ。しかし中国ではそんなことはぜんぜんなく、他の会合と同じように、その始まりは極めてルーズであった。披露宴参加者はまさに三々五々という感じで集まり、式はいつの間にか前のほうで始まっていた。この結婚式で、もうひとつ驚いたことは、ご祝儀は、日本と同じように、それなりに包む習慣はあったが、新郎新婦の両親を除いて、参加者はみんなまったく気楽な普段着であったことだ。これならわざわざ平服でお越しください、などとことわる必要はない。そして個々のテーブルごとに勝手に飲み食いが始まり、ふと気がつくと、いつの間にか私達大学関係者のテーブル以外は、みな帰ってしまっていたのである。

この時間のルーズさは、大学の正式な集まりでも、たとえば卒業式でも、同じことだった。しかし、この悪習も少しずつであるが、改善されつつあるように見受けられる。現代国家を目指す国の人間としては当然のことだろう。

気は心は駄目

中国人に会うのに、おみやげを持って行くときは、量をたくさん持って行くことが肝要である。気は心だからと、ちょっとした量のものでも持って行こう、というのは駄目だ。私の同僚の先生が、事務の女の子に、「気は心」と日本からのおみやげのお菓子をほんの少し持って行ったら、受け取るのを嫌がられた、と言って嘆いた。私は、「まさか、そんなことはないでしょう」と言ったが、ふと、思い当たることがあった。日本人は相手が一人暮らしであったりしたら、やたらにたくさんの物を持って行くと、かえって処分に困るだろうと、一人暮らしに適量の物を持って行こうと考えがちである。これが中国では間違いだ。私も失敗したことがある。ある人の紹介で戦前日本人と結婚して苦労した人の話を聞きに行った時、おみやげに季節のサクランボを持って行った。相手は老人の一人暮らしだから、傷む物だし、二、三回で食べ切れるぐらいがよいだろうと持って行ったところ、やはりとてもいやな顔をされた。翻って、中国の学生などが、教師に会いに来るとき持ってくるバナナやリンゴなどの量は確かに多い。こんなたくさんの量の物をどうして一人暮らしと分かっている相手に持ってくるのだろうと不思議に思うことが、しばしばあった。

この感覚の違いは何だろう。中国人にとっておみやげは相手のことを考えてというより、まずやはり持って行く人の面子が大事なのだろう。そして、それが受取り手にも反映して、こんな少しばかりの物をもらうのは自分の面子が立たない、と考えるようになったのではないだろうか。これは私のまったくのあて推量である。

中国人は率直にものを言うか

学生達と接触するようになって間もなく、「先生、日本人は物事をはっきり言わないようですが、私達中国人はストレートにものを言いますよ」と、よく聞かされた。しかし、今私は「うそ言え、お前達だって少しも変わらない」と言いたい。

まず、いい面で言えば、彼らはなかなかのお世辞屋である。日本人がちょっとでも中国語を話すと、レベルのいかんを問わず、必ず「中国語がお上手ですね」とお世辞を言ってくれる。まさにレベルに関係なく、だ。それから、授業中に、ちょっと気になって、「分かりましたか」と聞くと、たいてい「分かりました」と言うか、黙ってにっこり頷いてくれる。それで、「やれ、ひと安心」と思って質問してみると、何も分かっていないことがしばしばあって、がっかりさせられることが多かった。このギャップは何だ。それは彼らには、もうひとつの価値基準があるらしく、その方が、この場合重いようだ。それはみんなの前で恥をかきたくない。つまり自分の面子がたたぬことは困る、ということだ。だから男子学生の、女子学生の前での発言は、ますます消極的になる。日本語に自信がないから、女性の前で恥をかきたくないということだ。そのため、延吉時代はわざわざ女子学生を外して、男子学生とだけ飲む機会をよく持ったものである。その時、男子学生が一クラスに三、四人というのは、都合がよかった。

中国では、「うちに遊びにいらっしゃい」と言うのも、挨拶言葉としてあるらしい。知り合って間もなく、そう言われても、それを本気にしてはならないという。実際延辺大学にいるとき、日本留学から帰ってきた学生から「日本人と友達になって、別れるとき、遊びにいらっしゃいと言ったら、本当にくることになってしまって、どうしたらいいか困ってます」と相談されたことがある。「困るなら、そんなこと言わなければよかったのに」と言うと、「でも、……」と口を濁していた。何が率直か。

その後、分かったことだが、中国語にも「仮客気《ジアカーチ》」というお愛想の挨拶言葉があって、よく使われており、なかには中国人でもそれが本音か愛想か、計りかねることがあるのだそうだ。家への誘いは、具体的な日取りとかの話にならないときは、おおむね挨拶代わりと考えたほうがいいようで、日本人と変わらないのではないか。

もちろん、中国人の自己主張の強さは、日本人の比ではないことは明らかだ。特に、私から見れば、女の人のそれが強いのには、目を見張るものがある。しかしそれと、率直にものを言うということとは、イコールではなさそうである。

すぐ朋友になれる？

中国人は開放的で、日本人と違ってすぐ仲良くなれる、ともよく言われるが、これも必ずしもそうではないように思った。店に入っての交渉ごとになると、やたらに「朋友《ポンヨウ》（友達）、朋友」を連発するが、これはもちろん営業用であって、本当の「朋友」とは何の関係もない。延辺大学に初めて行った頃、学生から「日本人は友人・知人を自分の家に呼ばないそうですね」と言われて、「えっ」とびっくりしたことがあった。どういうところからの情報だろうか、そんなことを国民性と思われては困るなあ、と困惑した。実際、三年間延吉にいて、同僚の先生の家に呼ばれたのは、たった一度だけだ。「日本人のほうがよっぽど家に呼ぶワイ」と思ったものである。

四川省の西南科技大学に来て、同僚の中国人の先生はたったの三人で、しかも女性ばかり、そのうち二人が離婚しており、一人は未婚の若い人だったから、宿舎に呼んだり呼ばれたりのお付き合いは最初からあきらめていた。同じ宿舎の住人達も、なかなか手ごわい。我が家の階の向かいのおばあさんは最初のうち妻が挨拶しても、会釈もしてくれなかったと言う。その家の孫を通してやがて笑顔を見せるようになったが、そうなるまでが結構大変だった。一階のおばさんもなかなか挨拶してくれない。と思うと、この近辺を世話する役のおばさんがいて、いつも路地の出口に椅子を出して編み物などしていたが、妻が言葉がぜんぜん通じないことが分かっても、通るたびに何かと、にぎやかに話しかけてきた。また、向かいの棟のおばあさんは、ある日突然声をかけてきて、ベランダで自分が育てている鉢のひとつを持って行け、と言ってくれたりした。地震が来て以降は、危ないから外で寝ろとか、いろいろ声をかけてくれるようになった。そして、私達が日本に帰ると分かると、家に招いてご馳走してくれたのである。

蘇州の生活は、だいぶ様子が違った。ひとつは、私がそれまでとは違って単身赴任になったこともあったが、最年長の私に、主任の朱建明さんがかなり気を遣ってくれたからである。それは、こちらで突然亡くなった日本人先生がいたり、急に体調を崩して帰国する先生が出たりして、蘇州大学の日本語学科の予定が大幅に狂い、主任の負担が大きくなったとき、たまたま私が予定を繰り上げて、蘇州大学にやって来て、彼をいくらか助けることができたのを、多としてくれたからであった。さらに実際に会ってみると、馬が合うというか、日常的にいろいろ雑談を楽しむことが出来たのである。さらに、彼の愛弟子の洪濤さんがいつの間にか私のお守り役として、私の生活上の面倒をいろいろ見てくれるようになった。私は健康保持のためと称して、彼の家に毎週土曜日の昼にお邪魔するようになり、彼のお母さんの手料理をご馳走になった。その上、彼は、日本の私の家に近い東京学芸大学に留学していたことがあり、私が蘇州に行った当座は、奥さんがまだ学芸大学に残っていて、冬休み、夏休みなどは、彼がお子さんを連れて、日本にいる奥さんのところに会いにやって来ていたので、そういう機会には私の家のほうに遊びに来てもらったりもする関係になったのである。そこまでの親しい関係はそれまでの中国生活の中にはなかったことである。

私の言いたいことは、こういう個人的な関係は、国民性とかそういうものではない、あくまでも人間同士としての個人的な関係ではないかということだ。

しかし、中国人との多くの付き合いの中で、日本人の湿った、よく言えば、心遣いの細やかな人間関係とは違う、よく言えば、からっとした、あるいは、さっぱりしたものがあるのを感じることも、また確かなことである。しかし、そこには、私から見て、良いと思う面もあるし、悪いと思う面もあり、単純ではない。

洪さんのお母さん

私が「お母さん」というのはきわめて不適当である。なぜならその人は私より一三歳も下の母親だからである。しかしその人を見ていると、本当に懐かしい母親というイメージが浮かんでくるのである。それは私の亡くなった母親という意味ではない。私のイメージの中にある母親像ともいうべきものである。私の面倒をよく見てくれた同僚の中国人教師・洪濤さんのお母さんである。先述したように、あるときから、私は洪濤さんに連れれて彼の家にたびたび行くようになった。彼女はいつもゆったりとしたほほえみで私を迎えてくれる。決して大げさな態度ではないし、お愛想でもない、その自然さが気持ちよかった。そして彼女の家族と私のために坦々と昼食の用意をしてくれる。ご主人がときどき彼の得意料理を作ってくれた。外で働いている洪濤さんのお嫁さんは基本的に手伝わない。

これは中国では当たり前の風景である。彼女はその話しぶりも動作も、決してせわしいということがない、当たり前のことを当たり前にこなしているという、ゆったりとした自然の態度が、私にはきわめて好ましく見えた。そうして豊富な生活の知恵を持っていて、家族全体の面倒を自然体で見ている。孫は洪さんの小学校三年生の一人息子だけである。その孫に対してもべたべたとしたかわいがり方を見せない。何度かお会いしているうちに、私の心に自然と彼女への信頼と尊敬の念が生まれてきたのである。

彼女は一九五二年、上海に生まれた（朱さんの意見では、上海女はきついそうである）。五八年から六七年まで、小学校・中学校に通う。文革が六六年から始まり、彼女は中学校卒業後、下放先が決まるのを待つ。彼女にはお姉さんがいたが、姉妹で一人ということで、彼女が引き受けることになったようだ。六九年の四月、下放先が決まった。なんと遙か遠く黒竜江省の喀山県というところで、生産建設兵団に配属された。通常は農作業であるが、農作業のない季節は、軍事訓練や毛語録の暗唱をしていたという。いわば屯田兵である。極寒の地で、暖房はなく、着の身着のままの生活だったという。おもしろかったのは、話を聞いていたご主人が、「お前のは下放とは言えないよ」と口を挟んできたことだ。彼女の下放が自分のと比べてとても恵まれたものだった、と言いたかったらしい。彼は下放場所こそ故郷に近かったけれど、労働は四六時中で、学習の時間などまったくなかったという。洪さんの話では、ときどき父親の共産党批判に、母親が擁護に回って喧嘩になるということだった。

七四年、紹介する人があって無錫にもどって、結婚準備にかかり、翌七五年、今のご主人と一緒になったという。結婚ということになると、下放先から戻されたというから、彼女の父親の配慮があったのだろう。

平凡だけれど、しっかりと生活に根を下ろしたその姿が私には快かった。だから、蘇州の生活で一番尊敬できた人は誰だったか、と聞かれたら、私は迷わず洪さんのお母さん、と答える。

心惹かれる姿

中国人の賑やかさは折り紙付きだが、そうでない静かな姿もあって、私は心惹かれた。

私達が蘇州大学の宿舎から教室に行くのに、南門を通る。そこから法学院の建物を回り込むと、周囲四〇〇メートルぐらいの四角い広場がある。通称「恋人たちの広場」という。このことは前に触れた。この周囲にある建物は、この大学の前身、東呉大学時代からの物で、遊びに来た私の友人に言わせると、イギリスのケンブリッジ大学を想い起こさせるという。私は本場の方を知らないから何とも言えないが、ここで見られる木は、樹齢百年を超える物が多い。確かにこの大学の中でももっとも趣きのあるところの一つである。この広場は「恋人たちの広場」と言われるだけあって、カップルの学生の姿が目立つが、その周囲を散歩するお年寄りの姿も多い。ある時、車椅子を一人で操ってきた老婦人が、法学院の建物の前に止まると、ゆっくりと立ち上がり、杖をつき足を引きずりながら、広場の周りを歩き始めた。脳卒中の後遺症だろうか、左半身が不自由である。実にゆっくりゆっくりと時間をかけて自分の歩みを確かめるように歩く。そして、一周し終わると、苦労しながら車椅子に戻り、校内のどこかに宿舎があるのだろう、静かに帰っていく。気がつくと、私が四時頃そこを通りかかるときは、その人は必ずそのリハビリをしていた。とても気品を感じさせる人で、その淡々とした、それでいて真摯さが伝わってくるリハビリの姿は、見ている私の心に沁みてくるものがあった。しかし、何度目かの学期休み明けから、その姿を見ることがなくなってしまった。

この広場から少し先に行くと、木々の中に小さなモニュメントが建っている空間がある。ここの木々も樹齢百年を超える古木である。ある時そこを通りかかると、一人の中年婦人が木立の中にうつむいたままじっと立っている。何を見ているのだろうと不思議に思って近づいてみると、その人は片手を古木の幹にかざしているのである。まるでその古木の声を聞き取ろうとしているかのように。実際そうだったろうと思うのだが、うつむいたまま、ひたすらその古木と対話している静謐な姿は、私が中国に来て初めて見る魅力的な人間の姿に思えた。

中国では、老人が門前で何するということもなくしゃがみ込んでいる姿をよく見かける。しかし大抵は、仲間達とおしゃべりしているか、将棋やトランプに興じている。四川では、圧倒的に麻雀だった。しかしその老人は、私が通う大学への道の曲がり角に、朝から座っていた。釣り人が使う携帯用の簡易椅子に、何を見ているということもなく、ただそこにいるだけという感じで、じっと座り込んでいるのである。その姿は真冬の寒い朝にもずっと見られた。いつも何かをしていなければ、という思いに駆られて、せかせかと忙《せわ》しなく生きている私には、ただ存在しているだけ、というその姿には、何とも言えず惹かれるものがあった。

葬儀

同僚の部屋でだべって九時過ぎに部屋に帰ってくると、まもなく外から賑やかな、木魚や鉦《かね》の音とともに念仏らしきものが聞こえてきた。「うるさいなあ」と思い、音の発信源を知るべく、廊下に出て三階の窓から下をのぞくと、はす向かいのマンションの一階の一角が電灯で明るく照らされ、数人の黄土色の僧衣を着た人達が見えた。そこは普段はガレージである。窓からのぞける一部には机を囲んで僧侶が四人座っており、彼らが鉦と木魚をたたきながら、お経を上げており、もう一人の僧侶が、別の飾られた机の周りをぐるぐると回っている。その奥の様子は見えないが、祭壇でもあるのではないかと思われる。外に何人かの人々がたむろしており、女の人は黒いワンピースを着て、腰に、白い布を巻いている。明らかに葬式である。しばらく見ていたが、お経ははなはだ雑ぱくなもので、私には少しもありがたく聞こえない。お経の切れ目などに、ときどき私の見えない奥の方から食べ物が持ち出されてきて、これも私の視野に入らない別のところに運ばれていく。推測するにそちらに通夜にきた人々が何人かいるのではないだろうか。お経は断続的に続き、深夜の一二時前になってやっと終わり、机などが片付けられ、掃除もされ、元のガレージに戻った。

私はかねがね中国の葬儀に参加してみたいものだと思っていたのだが、その機会のないままにきたのが、図らずもこの夜その一部をかいま見ることができたわけである。しかしこれは中国の今の葬儀の一般的な形ではないだろう。私がよく行く葑門市場で、一度葬儀に出くわしたことがあった。そこでは小さな店の中を片付け、棺がおかれていたが、僧などはおらず、お経もなく、参列者は普段着に黒い腕章を巻いただけで、献花していた。テレビで見る、有名人の葬儀も規模こそ違え、献花だけが儀式として行われていた。しかし学生の話では、田舎では通夜が二、三日続くことが多いという。見知らぬ親戚の人がたくさん来て、食事の世話が大変だとも。

お墓

帰国も迫ったある日、中国の若い先生にお願いして、中国人の霊園を案内してもらうことにした。案内してくれたのは、日頃私が週一回通っていた文正学院に近い、極く低い呉山という山にある霊園だった。本部からスクールバスに乗って、まず文正学院まで行った。そこから学院を二つに分けている一般道路を、普段は学院のキャンパスを南から北へ渡るのだが、今日は渡らず、その一般道路を右に曲がり、学校と離れていく。右側にはしばらく宿舎らしき物がずっと続いている。かなりの数続いている。これは文正学院の物ではなく、この界隈にある別の学校の物だという。そう言えば、この辺りは学園都市として、積極的にいろいろな学校を呼び集めている学園地区だった。反対の左側はずっと低い山の斜面が続いている。

やがて左手に金網で仕切られた区域が現れ、道路際に掛けられた看板に、「呉山嶺公墓三墓区」とあった。中に入ると右側に管理人室があり、左に死者を送る紙銭を焼くところがある。昔は紙銭は墓の前で焼いたそうだが、山火事のおそれがある（実際にあったのだろう）ので、今はこういう安全なところで集中して焼くようになっている、ということだった。そこから、山肌に沿って登っていくと、両側に造られた極く狭い横道に沿って区画された土地に、整然と墓が建てられている。その姿は一見日本の霊園風景と変わらない。しかしよく見ると、建っているのは、日本のような墓石ではなく、石板と言った方がよいような厚みのあまりない石の板である。墓碑と言うことにする。ここの墓碑は、その年号を見ていくと、一九九〇年代の終わり頃から、二〇〇〇年代の半ば頃までの物が多い。下が新しく、上に行くに従って年号が古くなる。多くの中国人は、山肌の陽当たりのよく、見晴らしのよいところに墓を建てたいと願うのだという。そういうよいところに墓を建てれば、祖先が喜び、結果生きている子孫にも幸運が運ばれてくる、と考えるのだ。なるほど、中腹以上の、上からの眺めはなかなかすばらしい。登り道から左手の墓は、眼下に新開地の町並みが広がっている。ちょっと前までは、一面の野原であったに違いない。右側の墓は、やや山腹の角度が変わり、墓石の角度も変わって、湖を見下ろしている。石湖と言われる市内の南西部にある湖である。こちらの方がよい景色で、従って価格も高くなるのかな、と思ったりした。

今都会の人々は、墓地の価格の高騰にかなり悩んでいるという。この辺には山腹に沿って、さらにいくつもの公墓があり、多く上海に住む人々が買っているという。下に降りた時、管理人のおばさんとおぼしき人に、値段のことを聞いてもらうと、ここはもうずいぶん前に売り切れていて、「その頃まではそんなに高くはなかったよ」という返事だった、という。

さて、墓碑の表側には、まず一番上の中央にやや小さく「先」と彫られている。これは日本語で言えば「故」に当たるそうだ。多く夫婦二人の名前が並んで彫られている。名前の上にそれぞれ父・母と書かれているものが多い。一つだけ、中央にご主人と思われる名前があり、左右に奥さんと思われる名が彫り込まれているものがあった。この関係をどう見るか、興味あるところだが、下手な詮索はやめる。そのほかに、向かって左側に、一段下げて字も小さく、何人かの名前が彫られている。これはこの墓を作った子供達の名であろう。でも、そういう名前のはいったものは、それほど多くない。今言ったように夫婦の名が並んで彫られているが、生きている人は日本と同じに赤字である。中には両人とも赤字の用意周到な人もいる。

ところで日本と違うのは、夫婦別姓であるから、両者とも姓と名が彫られているのは当然のことだが、その姓の部分がみんな赤字のままである。これは何を意味しているのだろうか。その個人は亡くなっても、一族は絶えていないぞ、とでもいう意味だろうか。それから夫婦の名の上に陶板に焼き付けた顔写真がついているのがあって、これは私の感覚には合わなかった。

墓碑の前にはお棺のような長四角な石棺（これを墓石と言うことにする）があり、さらにその前に線香や供物などを捧げる石台がある。それらが狭い区画の中に収められている。その区画の中はあまりきれいに掃除されているとは言えない。日本のように、人によっては、玉砂利を敷いたり、ちょっとした木を植えたり、きれいに工夫された墓は一つも見られず、日本の霊園を見慣れた目から見ると、かなり殺風景な気がした。

先ほども書いたように、上に行くほど墓は古くなる。そしていくつか土饅頭の前に墓碑が立っている物が出てきた。「これが昔の普通の墓の形式です、今でも田舎はそうです」と案内の先生が教えてくれる。と、想い出された。確かに、延吉でもそうだった。延辺大学の敷地の裏山を登っていくと、リンゴナシ畑が広がる。それを越えてやや下ると、隣村になり、さらにそれを越えて次の小高い丘を登っていくと、眼下に次の農村の風景が広がっていた。その丘の陽当たりのよい草原の一角にいくつかの土饅頭がうづくまっており、その前に墓碑が立っていた。それはまだ区画整理もされていない、雑然とした物で、墓碑もまちまちの方向を向いていた（勝手な推測をすると、おそらく故郷のほうに向いていたのではないかと思う）。少なくともここのようには整然とはしていなかったし、赤字の物はなかったように記憶する。それは延吉で訪ねたいくつかの他の墓でもそうだった。たとえば、尹東柱《ユンドンジュ》の墓や甲部正海さんの墓を訪ねた時を想い出す。それぞれ小高いところにあったたし、並び方も雑然としていた。それはまだこの地域が蘇州のように、開発し尽くされていないということであろう。残念ながら、四川では個人の墓を訪れる機会がなかった。

観光地にもなるような、著名人の墓は別として、私の見た一般人の墓は、生きている人間の住居ほど、まだ格差はないようだったが、これからどんどん墓にも格差ができてくるのだろうか。

霊園再訪

文正学院で担当した最後の期末試験は、いつもの授業時間より早く終わり、昼、本部に帰るスクールバスが出るまで、二時間ほど時間が空いた。その時間を利用して、この前訪れた霊園のもう一つ先の霊園を訪れることにした。試験時間中は学生の出入り禁止のために閉めてある校門を守衛さんに開けてもらい、外の道に出て歩き始めた。

この日は急に暑くなっており、しばらく歩くと、すぐ汗がにじみ、背中の痒みがひどくなる。それを我慢しながら、前回歩いた道を確認しながら歩いていく。すぐに、前回やり過ごした「申時行墓」と書かれた立派な建物が左手に現れる。明末の高級官僚の墓らしい。市の指定文化財になっているようだが、前回同様入口が閉められており、中に入ることはできない。格子越しに覗くと立派な参道があり、左右に守り神と思われる動物の石像があるが、その奥にさらに門があり、その先は見えない。この墓の入口には立派な駐車場もあり、開放していないのは、もったいないことである。

さらに一〇分ぐらい歩くと、先日入った「呉山嶺公墓三墓区」があり、そこをやり過ごして先に進むと、ただ「呉山嶺墓区（うえに国営蘇州市新民公墓とある）」と書かれた霊園が、同じく左側に現れる。中に入ったすぐの広場のところに一台バスが停まっており、三、四〇人のお年寄りが降りて墓の方に登っていくところだ。最初霊園を見学にきた人達かと思ったが、しばらくしてそうではなく、納骨にきた人達だと分かった。それほどちょっと見た感じでは普段の服装であり、日本のようなかしこまった雰囲気を感じさせない。しかし、やがて中腹にある一つの墓石を囲んだ彼らをよく見ると、左肩に、喪章のリボンをピンで留めている人や、腰に白い布を巻いている女の人がいるのが分かった。その墓石は、辺りの中では、立派な方で、墓の管理人とおぼしき人が墓石を開け、女の人が墓石の前の置物台と思われる石台の上に、赤い毛氈を広げ、いろいろな供え物を並べ始めた。さまざまな食べ物、果物が供えられる。しかし、暑さに周りに立つ男達の中には、上半身裸になる人もいるくらい、取り繕っていない。やがて準備が整えば、儀式が始まるのだろう。泣き女役の人もいるのかもしれない。しかし、時間に制約のある私はそれを待っていることができず、少し辺りを歩いて帰路についた。

この霊園の方が、前見たものより少し古いのは、そこの墓碑の年号を見ていくと、上の方に一九八〇年代の物が多いので分かる。そして土饅頭でなくても、墓碑が墓石の前に立てられているものが多い。それが九〇年代以降の物になると、墓石の後に墓碑が立てられるようになっているのが分かった。墓の道は何条何条とちゃんと区切られているが、その横道は日本のように手入れされておらず、かなり草が伸び放題になっている。墓碑の前の墓石が小さく二つに分かれている物も多く、その片方の蓋石がずれている物もあったりする。中には何もなくただ雨水がたまっている状態である。全体が、前回見た物より、古い地区だけに荒涼とした感じをうけた。

ここで死者に対する態度で、日中で異なる面があるのを知った経験を書いておこう。

私は作家の堀田善衞さんが亡くなったとき、形見分けとしてスーツを何着かいただいた。直接の編集担当者は靴を貰っていた。いずれにしろ、堀田さんと親しかった編集者は、他社の人も含めて、みな何のこだわりもなく形見分けを喜んでいただいていた。この感覚は中国人には通じないようだ。

私がちょっと無理をして日本に呼んだ、延辺大学の学生の一人が、生活上かなり心配があったので、ある方に後見役をお願いした。その方は数年前に奥さんを亡くされていた。学生と時々会って、いろいろな生活上の相談に乗ったり、食事をおごったり、近場の観光地を案内したり、それなりに親しくなってから、奥さんの遺された衣類を彼女に贈ることにした。贈られた彼女から、すぐ私のところに電話があった。彼女の言うのには「亡くなった人の物を、人に贈るなんて失礼ではないか」と言うのである。私はこの気持ちの行き違いについて説明した。「日本人は自分の大切な人の物は、大切に思っている人にしか贈らないのだよ」と。それでも、彼女は、納得は出来なかったようだ。これは明らかに文化的習慣の違いである。後年、蘇州大学の先生にこの話をしたら、やはりそういう習慣は中国にはないので、彼女の反応は無理もないと言われた。

私と中国4　残念なこと

延辺大学にいるときは、日本留学や就職など、学生の面倒を見ることを、ささやかながら積極的にやった。私が延辺大学をやめる頃、親しくしていた卒業生が一〇人ぐらい日本にいるという状況になった。そのうちの一人に、とても優秀な子だが、家が貧しく留学は無理だという学生がいた。当時延吉にいた朝日新聞社の人の協力を得て、まず彼女を神戸の日本語学校に特待生として呼んでもらい、勉強しながらアルバイトで金を貯め、一年後に大学院へ進めるよう道筋を付けた。慣れない日本の生活に不安があったので、神戸にいた別の朝日新聞社の人に後見役をお願いした。その方は経済的にも精神的にも実によく面倒を見てくださった。途中で、彼女のほうにちょっと不安な動きがあったが、それでも無事日本語学校を出、大学の研究生になった。経済関係の学部に行きたいというのが彼女の希望だった。しかし、いよいよ大学院に挑戦という段階になったあたりから、彼女との連絡はぷっつり取れなくなってしまった。受験勉強の追い込みに忙しい時期の連絡なしは分かるが、その後の音信不通は受験の失敗を予想させる。もしそうなら、より私達の援助が必要だろうと思うのに、まったく連絡が取れなくなってしまったのは、残念なことだ。面倒を見てくださった朝日新聞社の方のメールからは、深く傷ついた様子が分かり、申し訳ない気持ちでいっぱいになる。

やはり東京近辺にいる学生が一番多く、一時は、七、八人の延大卒業生がいたことがある。東京なのでみんなを我が家に呼んだりして、お互いが連絡を取り合い、困難なときに助け合うような関係になってほしいと思っていた。しかしそれは現実にはなかなか難しいことであった。その中に、まことにラッキーなことに就職で東京に来られた卒業生がいた。こちらに来てからも、なかなかがんばって、日本での生活も順調に行っているようだった。ある日我が家に来たとき、これから自分はグレードアップするため、大学の成人教育に通って、これこれの資格を取りたいという、前向きの人生計画を話してくれた。大いに励ましたのだが、それからぷっつりと連絡が取れなくなってしまった。これも残念なことだ。

基本的に中国の若者達は自分に利益があるという判断が立たなければ、連絡してこない。日本人のようにご機嫌伺いとか時候の挨拶ということでは連絡してこない。ご同業の岩波書店の社員だった長島洋子さんが書いた本『中国に夢を紡いだ日々』（論創社）の中に、次のような記述がある。
「中国人A嬢の保証人をした。用事を頼む時だけはしきりに電話をかけて来るが、帰国する時に一言のあいさつもなかった。（略）私の友人も好意でB嬢に日本語を教えていたが、やはり電話一本もよこさず帰ってしまった。」

今年（二〇一一年）起こった三・一一の震災以来、みんな各々どうしているだろう、という、私が帰国後の七月に発した問い合わせメールにも、誰からも何の答えも来ない。さびしいけれど、みんなそれぞれの人生に旅立っているのだろう、と自らを慰めるしかない。私の尊敬する教育者・大村はま先生が「私の仕事は生徒を向こう岸に送り届けるだけ、後ろを振り向いてもらおうとは思わない」といった意味のことを言われていたと記憶するが、大村先生の意志の強さを、私はひしひしと感じる。

ひとつ書き加えておきたいことがある。私は三・一一の東日本大震災を蘇州で知った。中国のテレビで繰り返し報道される大津波と原発事故の映像はショックであった。昼、町へ出て、近くの小さな食堂に入ると、店のおばさんが「日本は大変だね。あなたの家族は大丈夫なの」と声をかけてくれた。初めて入った薬屋の売り子さんも同じような声をかけてきた。また、園区のマンションに住んでいる同僚の話では、日頃そんなに交流のない管理人がやって来て、お見舞いの言葉と共に、「自分に何か出来ることはないか」と申し出てくれたという。

これらの中国人の言動は、よい意味での中国人の友情と率直さの表れたものとして、私は心に留めておきたいと思う。

おわりに・二人の中国人

私の長い中国生活では、当然のこと、たくさんの中国人のお世話になった。その中で、とりわけお世話になったのが、蘇州大学での朱建明さんと洪濤さんだ。

朱さんは、小学校三年生のとき、文革が始まったという。そして、高校卒業のとき、文革は終わった。その間、ほとんど勉強らしい勉強はなく、工場や農村へ行って手伝いをする日々であった。卒業後、一年就職できなかったが、何とかトランプを作る会社に入り、そこで四年間働いた。しかし、将来を考え、一念発起し、大学に入る決心をし、独学で日本語の勉強を始めた。そして、見事南京大学に入った。大平正芳首相時代に作られた大平学校で日本に来たこともある。一九九三年、蘇州大学の教師となる。しかし大学教師の給料は少なく生活は大変だった。そこで蘇州に進出してきた富士フイルムとかかわり、午前の授業が終わると、会社に行き、その蘇州工場の立ち上げに貢献するとともに、生活資金を貯めた。そして今日に至っている。今はいくつかの不動産物件を持ち、自らは否定するが、周りから金持ちだと噂されている。彼の日本語のレベルはきわめて高い。特に外国人が苦手な敬語に長けている。それは富士フイルムでの実践の中で鍛えられたのかもしれない。学生には怖い先生として恐れられるとともに、最も尊敬もされている。私は、彼とはきわめてフランクに付き合え、会話を楽しむことが出来た。彼は気配りの人でもあった。また、完ぺき主義のところもあって、頼まれた翻訳仕事などは、本当に粘り強く、自分が納得するまで手放さなかった。しかし、残念ながら、彼には学者としての論文実績はまだない。

洪濤さんは、一九七六年生まれの、まだ三五歳、朱先生に教えられて育った若い先生だ。彼を初めて見かけたのは、周荘の応用技術学院の教員控え室だった。前に書いた元気のよい王先生を中心に、こちらでにぎやかに話していても、彼はまったく参加せず、もくもくと本を読んでいた。朱さんは、彼のことを、「無感動、無表情、無愛想」の三無主義であると、よくからかった。彼の趣味は読書。学生達からも最も本好きな先生として認められている。学生に人気があると聞いて、私はよく「それはとても信じられないことだ」と冷やかしたが、その彼が最も実質的に私の面倒を見てくれ、日本人教師からは、「まるで親子みたい」とか、口の悪いのからは、「孫みたい」と冷やかされた。それでも、彼はいやな顔も見せず、蘇州にいる間、ずっと私の面倒を見てくれた。洪濤さんの日本語のレベルも、かなり高い。

日本人教師の間では、この二人が群を抜いて日本語がうまい、という評価だった。私から見れば、当然のことだが、若い洪濤さんにはまだまだ伸びてもらわなければならない部分があるのを感じる。とにかく彼はまじめな努力家であるから、その期待にきっと応えてくれるだろうと思っている。

私は蘇州を去るとき、彼ら二人と私が蘇州大学に行くきっかけを作ってくれた張喬松さんとの三人に「私は蘇州にも、蘇州大学にも何の未練もありませんが、あなた方との友情は忘れません」と言い残した。

私は何を書きたかったのか、何を伝えたかったのか。書き終わった今読み返してみると、なにやら文句が多いように見える。

私が中国にいる間に起こった日中間のいろいろなトラブルをきっかけに「中国が嫌いになった」という人が、私の友人達の中にも、かなり増えてしまった。それは新聞社の世論調査にも現われている。しかし私の目的は中国人を批判することではない。そこには一見私と違った感性の人々がいるように見えるが、そしてそれは当然そうなのだが、しかしそれは私と切れた人々としてではなく、人間としてはむしろ繋がっていく可能性を持った人々として感じているつもりだ。つまり、私も「中国人はひでえことをする」と思うことがある。しかし周りを見回すと、すぐ「日本人もひでえことをしている」と気づく。逆のよい場合も同じだ。結局、人間どこもそんなに変わるものではない、というのが私の平凡な結論のようである。

中国に行くとき、ありがたいことに、作家の井出孫六さんから、「記録をちゃんと書いておくように」と言われた。朱建明さんからも、「先生、日記をつけていますか」としばしば言われた。しかし私はそれをしなかった。いや実は、ちょっと始めても、すぐ挫折してしまうのだ。正月三日だけの日記、いわゆる「三日坊主」とよく言われるが、あれである。結局、いま記憶に残っていることを頼りに切れ切れに思い出すことを書いていくしかなかった。だから、時間の順序も整理されていないし、話の重なっているところもあるだろう。しかし、逆にすべてが、私の心に残った体感とも言えるわけだ。したがって、どこから読んでいただいてもかまわない。この報告から、あなたが今まで感じていたのとはちょっと違う中国を少しでも身近に感じてもらえれば、私はそれだけでうれしい。

いつも、タイトルには悩み、最後には人の力を借りる。今回もそうだった。私が考えるのは、どうもみんな常識的なものばかりだった。そこで編集担当の、鈴木冬根君の力を借りた。「中国暮らしをやる」という日本語はない。「中国暮らしをした」と言うべきだろう。それを「してみました」とする。しかしこれではどうもパンチがない。そこで、ちょっと乱暴に「やってみました」とした。私としては、斜に構えた若者風でもあり、気恥ずかしい感じもあるのだが、気軽に中国に行ってみる、住んでみるのもいいのではないか、というのが最近の私の思いでもある。

もちろん私は旧い世代であり、基本的には、一部の人々から「自虐史観」と非難される考え方をもっている人間だ。だから、気軽に中国や韓国に行く気持ちにはなれないし、沖縄・広島・長崎にも気軽に行けない気持ちが、いまだにある。しかし一方で、若いときのような「日中友好の大義のために」という肩肘張った考え方にもなじまなくなった。そもそも「大義」という考え方が危ういと思うようになった。「大義」は「大日本帝国の大義のために」にもなるし、「文化大革命の大義のために」にもなるからだ。

また、日中文化交流協会や日中友好協会を通したえらい人々の交流も確かに大事だと思うが、この間、中国人学生と真剣に向き合って精一杯努力している無名の日本人教師の姿を、私は何人か見、頭の下がる思いもした。私の心情は、そういう草の根の人たちの活動にこそ、共感する。しかしもっと気軽に考える人々が出てきてもいいのではないか、とも思うようになった。「こんなじいさんが中国で暮らせるなら、俺もやってみよう」と思う人が出てきてくれるとありがたい。そんな思いもこのタイトルには込めたつもりだ。

最後に、「亭主元気で留守がよい」という言葉もあるけれど、まずは長期にわたる、わがままな私の中国行きを、前半は同行し、後半は自由に許してくれた妻に感謝するのが筋というものであろう。それから、現地でさまざまに世話をしてくださった多くの中国人教師・日本人教師それから学生達に、心から感謝します。

今考えると、私の前二著は、まことに幸運と友情に恵まれてスムースに出版してもらえた。しかし出版界の状況は、私が帰国するたびに悪くなっていた。今回も、古巣の風濤社に引き受けてもらうことになったが、迷惑をかけることにならないとよいが、と思っている。それだけに、この本の装丁を友情をもって引き受けてくれた中島かほるさんに心からお礼申しあげたい。

二〇一二年二月一五日

柏原成光

柏原成光《かしわばら　しげみつ》

1939年東京生まれ。東京大学文学部東洋史学科卒。1964年筑摩書房編集部入社。『人間として』『文芸展望』などの文芸関係図書の編集を担当。1997年同社代表取締役就任。1999年退社。1999年風濤社相談役就任。共立女子大学などの非常勤講師勤務を経て、2004年から2011年帰国まで、中国三省の大学、延辺大学・西南科技大学・蘇州大学で日本語教師として七年間教鞭を執る。2012年より清泉ラファエラ・アカデミアで戦後文学史を講義。著書に『黒衣の面目――編集の現場から』（風濤社）、『本とわたしと筑摩書房』（パロル舎）。

中国暮らしやってみました
65歳からの日本語教師

二〇一二年三月一五日　初版第一刷印刷
二〇一二年四月一日　初版第一刷発行

著者　柏原成光
発行者　高橋栄
発行所　風濤社
東京都文京区本郷二―三―三
TEL〇三（三八一三）三四二一
FAX〇三（三八一三）三四二二
印刷　吉原印刷
製本　積信堂

ISBN 978-4-89219-354-5